ハラスメントがおきない職場のつくり方

HOW TO BUILD A CARING WORKPLACE

ケアリング・ワークプレイス入門

中川瑛

大和書房

PROLOGUE

はじめに

５人に１人は「怖い職場」で働いている！

皆さんが働く職場は「怖い職場」でしょうか。

２０２０年の調査によれば、５人に１人は職場でハラスメントを見聞きしたことがあると言われています[1]。職場を萎縮させるような厳しい叱責、無理難題を押し付ける上司、心身の健康を害して辞めていく同僚たち。そんな「怖い職場」で働いている人がたくさんいます。

そんな職場に耐えられない人たちが辞めていくと、残された人たちはますます忙しくなっていきます。以前は余裕があった人も、いつの間にか、弱音を吐く仲間や相談する部下に対して厳しく当たってしまうように……。そうして「怖い職場」が再生産されていくこともあります。

最近ではコロナの影響でリモートワークも増えました。オンラインのコミュニケーションでは伝えたいニュアンスと受け取るニュアンスのズレが大きくなるのか、リモートワークをしている人のほうがハラスメントを受けたと感じる人が多いようです。職種や業界にもよりますが、今後もリモートワークが継続する可能性は十分あり、「怖い職場」にならないためには、一層の注意が必要になってきます。

「怖い職場」にはたくさんのデメリットがあります。まずは転職意向が挙げられます。ハラスメントを受けている人は、そうでない人と比べると1・5倍以上の人が転職を考えていて、実際に転職活動をする人の割合は実に2・5倍にも及ぶのです。

ハラスメントを受けたと感じる人とそうでない人の間には、幸福感、生活満足感、仕事満足感にも明確な違いがあり、メンタルヘルスに悪影響を与えます。このような個人的な職場での生きづらさが、転職意向を高めていると考えられます。

実は、ハラスメントをされた人だけではなく、「ハラスメントを見聞きした人」も、転職意向が高くなることがわかっています。つまり、ハラスメントはされた本人だけではなく、その周りにいる人にとっても悪影響があるのです。

重要なのは、この結果があくまで主観的な評価に基づくこと。法的に厳密な要件を満たした「ハラスメント」かどうかではなく、「これってハラスメントなんじゃないか？」と感じること自体が悪影響になるのです。法的にハラスメントと認定されなくても「怖い職場」が作られるとすると、一体どんなことがハラスメント「的」だとされているのか、認識をアップデートして対応する必要があります。

人がどんどん抜けていく、あるいは抜けたいと思っている職場では、中長期的な利益を考えて職場のコミュニケーションや組織を改善することに注力する人は少なくなります。「どうせそのうち辞めるんだし……」と思うと、進んで仕事を見つけたり、「おせっかい」をやいたり、忙しい中で新しく入ってきた人に丁寧に指導する余裕もなくなってしまいます。

「怖い職場」に残る人たちはストレス耐性が強い分、他者のストレスに鈍感で、だんだん同じような人たちの割合が高くなっていくかもしれません。するとますます、異質な人は居づらくなってしまいます。その同質性は、環境が変わらないうちは強みにもなるかもしれませんが、環境が変化した時に共倒れになるリスクを抱えます。

ハラスメントがおこるのは誰のせい？

どうしてこのような「怖い職場」が生まれてしまうのでしょうか？

つい「ハラスメントする人がいるからだ」と個人に原因を見出すことはよくあります。「そんな人はクビにしてしまえばいいんだ」と。

実際そのような側面はあります。最近は「サイコパシー（人の痛みがわからない）」「マキャベリアン（目的のためなら手段を選ばない）」「ナルシシズム（自分中心的で他者を道具のように扱う）」などのパーソナリティを「ダークトライアド」と呼び、組織に負の影響を与える特徴として研究も行われています[2]。

しかし、「怖い職場」を作っているのは、そういった人たちばかりではありません。前述の調査では「パワハラを見聞きしている人がどのような職場にいるのか」を分析することで、「怖い職場」がどのような要素を持っているのかを明らかにしています。簡潔に言うと、ハラスメントの発生要因は「成長の過度な追求」と「上位下達の組織文化」です[3]。「成長の過度な追求」とは、ノルマ達成などのプレッシャーがかかる仕事であるとか、顧客の要求が厳しいとか、社員同士が競い合う文化を持っていることがその構成要素となっています。「上位下達の組織文化」とは、トップダウンの意思決定が行われ、部署異動や転勤・出向などの人事異動が多い（いわゆる既存の雇用慣行を持った日本企業である）こと、そして飲み会を断りにくい文化があること（29ある因子のうち、最も影響）などが指摘されています。飲み会自体ではなく、飲み会が「断れない」ことが要因とされることが重要です。

ハラスメントをする個人は、ハラスメントが生まれやすい環境に適応している人である可能性があります。すると、単に個人を責めてクビにしても、また別の人が同じ環境に適応して、ハラスメントを繰り返すかもしれないのです。このイタチごっこを終わらせるには一体どうしたら良いのでしょうか。

「多様性」でハラスメントは抑制できる？

ハラスメントを抑制する要因にも目を向けてみましょう。

まず、組織のコミュニケーションや多様性を確保することが有効と言われています。性比や若手・中堅・ベテラン社員のバランス、心理的安全性が高い（他者の反応におびえたり恥ずかしさを感じることなく、安心して発言や行動ができる）職場ほど、ハラスメントがおきづらいと考えられます。最近よく聞くダイバーシティやインクルージョンといった、メンバーの多様性を尊重する包摂的な組織です。

「ダイバーシティとかインクルージョンなんて、綺麗事」と受け取ってしまう人も多いかもしれません。しかし、これらは企業にとっても極めて有益であることが知られています。ハーバードビジネスレビューによれば、メンバーの多様性が高いと、多様なものの見方を交換することで、問題解決の質が上がることが示されています[3]。他の調査によれば多様で包括的な企業で働く従業員は、長く勤めたいと思う可能性が5・4倍高いことがわかっています[4]。多様な人が互いの考えを恐れることなく共有でき、だからこそ多様なものの見方から新しいアイデアが創出されるような組織。そんな組織はパフォーマンスが高いだけではなく、転職意向も下がるのです。

ただし、単に多様性が高いだけで、正の効果があるとは限りません。船越多枝によればインクルージョンは「社員が仕事を共にする集団において、その個人が求める帰属感と自分らしさの発揮が、集団内の扱いによって満たされ、メンバーとして尊重されている状態」と定義されています[5]。違いを尊重し合い、職場の役に立って、職場に愛着が湧いている状態がインクルーシブな職場なのです。

上意下達の組織文化は変えられるか?

上位下達の組織文化の中では、部下は上司の命令に積極的に従ったり、自分の意見を殺して忖度したりすることで、仕事が円滑に進められたり、昇進に繋がったりします。多様性が尊重されるどころか、固定的で同一的なものに向かう強い志向があるのです。「皆同じ」に向かう姿勢のわかりやすい表現が「飲み会を断りづらい文化がある」ことなのかもしれません。

上位下達の文化はどこからやってくるのでしょうか。

そのヒントを人事制度に見出すこともできます。日本企業の正社員は「無限定正社員」と呼ばれます。職務や勤務地、労働時間などについて、会社の命令を拒否できないような雇用制度を意味しています[6]。このような雇用は、終身雇用で昇進によるキャリアアップを促します。昇進には少なからず上司への忖度が必要です。他の社員と違う行動は歓迎されず、同僚が取っていない休みも取れません。組織の同質性が高まって、多様性は排除されていきます[7]。上位下達の組織文化は、日本の伝統的な雇用慣行の中で生まれ、その価値観を内面化した人が偉くなることで維持されてきたと言えるのです。

しかし今後、そのような雇用慣行を維持することは難しいでしょう。総務省の調査では転職率の増加が[8]、東京商工リサーチの調査では早期退職・希望退職を募る企業の増加が確認されており[9]、終身雇用の崩壊が始まりつつあることが明確です。

「怖い職場」が生まれる背景には、個人だけではなく組織文化、雇用慣行、人事制度があります。これらの背景が変われば、職場は変わっていかざるをえないのです。

「ケアリング・ワークプレイス」をつくる

本書では、この変化に対応するための注目すべきキーワードとして「ケア」「ケアリング」を取り上げます。近年、これらの言葉は非常に広く用いられるようになりました。元々は看護や介護の領域で使われていた言葉ですが、今では法学やリーダーシップにまで及んでいます[10][11]。

私は組織開発のコンサルタントとして、様々な職場やチーム、マネージャーや経営者と関わるのと同時に、モラハラやＤＶの加害者として、離婚の危機に至った「変わりたいと願う加害者」のためのコミュニティも運営しています。その経験から、職場や家庭、様々な場面でおきる加害的なコミュニケーションの正体と原因が、「ケアの欠如」であることを明確に感じています。

加害的なコミュニケーションがおきた時、それを個人の問題に矮小化することなく、組織の制度や文化まで包括的に捉えることで、状況を改善することが可能です。加害的なコミュニケーションがおきづらい「ケアリング・ワークプレイス」では、多様な人がそれぞれの違いを尊重し合うことで安心して異なる意見を分かち合うことができ、それゆえに様々な問題を解決することができます。仕事や生活の満足度も高く、転職意向は低いでしょう。それは中長期的な会社の成長や環境の改善へのコミットをも意味しているはずです。

職場だけでなく、怖くない家庭や、怖くない社会を作ることにも繋がっていくかもしれません。そんなケアリング・ワークプレイスの意義に共感してくださる多くの方にこの本を読んでいただけたらと思います。明日から始められる身近なことから、より中長期的な施策に至るまで、幅広く解決策を検討することで、様々な立場の方がケアリング・ワークプレイスを作るヒントをえられる一冊になればと願っています。

本書の構成

第1章では、いわゆるグレーゾーンのハラスメントの事例を紹介します。人によっては「このくらいならいいんじゃない」と思ってしまうようなありふれた場面を取り上げながら、そこに潜む問題点を浮き彫りにします。

第2章では、職場の健全な人間関係を捉え直す「ニーズ」と「ケア」の考え方を紹介します。個人のコミュニケーションはもちろん、組織の文化や制度を考える上で、この原理を理解することが大きなヒントになるはずです。

第3章では、「ケアリング・ワークプレイス」とは何なのか、個人と組織がどのように変わることを意味するのか、そして「綺麗事」に聞こえる「ケア」を組織で目指す実利的なメリットを紹介します。

第4章では、「ケアリング・ワークプレイス」を作る方法を紹介します。加害者個人の変容を誰がどう支援していけばいいのか、組織の変容をボトムアップで促すには？　経営者がトップダウンで組織を変える方法も記しました。

CONTENTS

CHAPTER 2

原理：ニーズとケアから考える職場の人間関係 61

CHAPTER 3

応用：ケアリング・ワークプレイスは綺麗事ではない 109

CHAPTER 4

変容：ケアリング・ワークプレイスのつくり方 155

HOW TO BUILD A CARING WORKPLACE

CHAPTER 1 EXAMPLE

事例：グレーゾーンのハラスメント

ハラスメントについて書かれた本は数多くあります。パワーハラスメント、セクシュアルハラスメント、マタニティハラスメントなどは、法的な根拠を持ち、明確にアウトな事例が確実に集まっています。

本書ではあえて、そのような「わかりやすいハラスメント」は取り上げません。法的にアウトであろうとなかろうと、働いている人が「ハラスメント的」だと感じたら「怖い職場」になってしまうからです。

もちろん、法的に「アウト」のラインを知ることもまた、実際の場面では大切です。ハラスメントの定義と、ハラスメントの類型と種類、関連する法律が改正された２０２０年以降の参考文献を巻末に紹介しますので参考にしてください。

本書で取り上げるのは、ある意味では「グレー」で「曖昧」なケース、被害を受ける人はもちろん、それを見ている周りの人がうんざりしてダメージを受けるような加害的なコミュニケーションです。

例えば、以下のようなコミュニケーションがそれに当たるでしょう。

・これみよがしにするため息
・困っている部下に気付きながら、放っておくこと
・暴言こそ口に出さないものの、徹底的に責める
・自分のやり方を押し付けて、他者のやり方をバカにする
・「冗談だからね」と断りながら、からかい続ける
・休日や深夜、四六時中、返信不要とことわりつつも連絡する
・質問をすると、あからさまに面倒そうな顔をする
・率直に意見を言うと、「細かい」「面倒なやつ」と認定する
・「なんでも言って」と伝えながら、発言すると不快そうにする

実際、5人に1人は「ハラスメントを受けている」と感じているわけですから、小さな例まで含めるともっと多くの人がなんらかの意味でこんなコミュニケーションをされたこと、そして多くの場合は、したこともあるはずです。

グレーゾーンの加害に気付けるか

先の例を読んで「あるある、こういうコミュニケーションって本当に嫌だよね」「自分がされるのはもちろんだけど、同僚がネチネチ言われているのを聞くのも嫌」「こんな時どうしたらいいのかわからないし、職場も気まずい空気になるんだよね」と感じた人も多いでしょう。

同時に「えっ、こんなことも加害なの?」「これくらいで問題だと言われちゃあ、かなわないよ」とか「自分だってやっちゃってるなあ」「言われてみたら、こういうの麻痺してたけど、普通に嫌だよね」と感じた人もいるでしょう。これまで加害だと思ってこなかったようなものも書かれているはずです。そのような場合には、あなたも誰かを傷つけてしまっている可能性があります。

法的にハラスメントであるかどうかではなくて、**本人や周囲がハラスメントと感じ**

ること自体がパフォーマンスを下げ、転職意向を高めることを思い出してみましょう。

何がハラスメントなのかわからない。どんなことが人を傷つけるのかわからない。指摘はされたものの、どうして悪いのかよくわからない。社会が変わる中で、そんなふうに戸惑っている人はたくさんいます。

それは決して悪いことではありません。間違っていることでもありません。文化や状況が変われば、善悪は変わり続けていくものです。昔は「躾の一環」とされてきたことが、今では虐待やＤＶとみなされることがあります。昔は当たり前だった仕組みが、今では差別や搾取、人権侵害とみなされることもあります。大切なのは「自分ではあんまりわからないけど、これが辛いと感じる時代になったのだな」と気付くことなのです。

実際、ＤＶの加害者に話を聞くと「悪意はなかった」どころか「良かれと思ってやっていた」ケースさえあります。本人が昔そうされて育ったケースも、よくあります。ただ、**その人が持つ「善悪」の感覚が、今の社会の大勢が持つ感覚とはズレてしまっているのです。**

悪意がないから難しい

時に人を傷つけてしまう人は、どうして無視をしたり、きつく責めたり、罰したり、恥ずかしがらせたりするのでしょうか。

そこには様々な背景がありますが、基本的には「良かれと思って」あるいは「他に選択肢がない」と思ってやっています。文化や環境が大きく変わっていくことに気付かず、時代の変化に対応するような学習ができていないのです。あるいは、職務や責任を全うするために必要で、仕方のないことだと考えている場合もあります。

傷つけてやろう、困らせてやろうという悪意がなく、誰も「悪者」ではないという場面はよくあります。だからこそ、「怖くない職場」を作ることは難しいのです。

悪者はいません。しかし、「怖い職場」を作ってしまう人はいます。個人の心理的要因、チームの関係的要因、より大きな社会の構造的要因などを考えていきましょう。

「そんなやり方は間違っている！」「時代にふさわしくない！」とか「あなたは加害者だ」と責め、非難することの先にあるのは、新たに作られる「怖い職場」です。

加害的なコミュニケーションを選んでしまう人の背景を知って「そうか、そんな環境で育って長年過ごせば、自然とそうなってしまうよなあ」と共感的に接することからしか、ケアリング・ワークプレイスは作れません。どんな人も、生まれたばかりの頃は人を傷つけられなかったはずです。この社会で何かを学び、加害的になっていったのです。具体的なケースを見ていきましょう。

事例① 指示待ちの新人にイライラ

Aさんの視点

あるウェブメディア制作会社で働いているAさん。学生の頃からアルバイトやインターンである程度業務経験がありましたし、入社して数年が経ち、少しずつ仕事にも慣れました。激務ではあるものの、仕事にやりがいを感じていました。

一方、最近入ってきた社員のBさんは必ずしもそうではありません。ウェブメディアへの情熱も感じられず、仕事をしていても「どうしたらいいですか？」と指示待ちばかりです。

Aさんは（もし自分だったら関連するブログや本を読んだり、セミナーに行ったりして視野を広げ、なにができるか、なにがしたいかを考えるのに……）と、質問をされるたびにイラッとしてしまいます。最初のほうこそ、質問されれば答えていましたが、だんだん「自分で調べてから言って」「いちいち聞かないで自分でやって」と返すことが増えていきました。

最近、早期退職が続いていた職場ですが、結局この新人も辞めてしまいました。上司からは「ちゃんと育成・教育しないといけない」、辞めた人からは「怖くて質問などができず、仕事がしづらかった」といった声も上がっていたそうです。

しかしAさんからすれば、最初のうちは質問されたら答えていたし、自分で調べる能力は大事なものなのだから、「調べてから質問して」と言ったことを咎められることには納得がいきません。そもそも、Aさんはそうやってスキルを磨いて仕事をしてきたのですから。

Bさんの視点

一方、Bさんの目からはこんなふうに見えていました。Bさんは元々エンターテイメント系のウェブメディアが好きで、読んでいてワクワクする面白いコンテンツを作ることに関心がありました。

第一志望の企業には入れなかったものの、就職活動を通して知った「一から丁寧にウェブメディアについて学ぶことができる」という謳い文句のこの会社に惹かれて入社しました。エンターテイメントに関わりたかったのですが、最初の配属は全く別のビジネス系のコンテンツ制作でした。

右も左もわからない状態で現場に配属されましたが、先輩のAさんは常に忙しそうで、初歩的な質問をするといつもイライラした様子で応じます。Bさんはエンターテイメント系のコンテンツなら様々なメディアを読んできて、構成や文章のスタイルなどの引き出しがあるのですが、ビジネス系ではわからないことが多いのです。

「自分で調べて」と言われても、ビジネス系のメディアにはどんな種類があるのか、どういうところが王道で、それぞれにどんな特徴があるのかといった大枠がわからず、検索キーワードもうまく考えられず……。

やりたかったこともできないし、そもそも「一から丁寧にウェブメディアについて学ぶことができる」と聞いてきたのに、現実は全然違ったことにも裏切られたような感じがして、どうせ辞めるなら、と早い段階で退職を選んだのでした。

法的なハラスメントとまではいかなくとも、こういう「怖い職場」はよくあります。

あなたも、**Aさん Bさん**両方の立場を経験したことがあるかもしれません。一体何がおきていたのでしょうか。

まず、学びの姿勢に関して認識の違いがありました。**Aさん**は**Bさん**のことを「自分でどんどん学ぶべき」なのに「指示待ちばかり」だと考えていました。一方で**Bさん**は「一から丁寧にウェブメディアについて学ぶことができる」と言われて入社したのです。職場と**Aさん**の間にも、認識の違いがあります。採用に関わる人事が考えていることが、**Aさん**と共有されず、ギャップが生じていることが原因の1つでしょう。

また、**Aさん**は「**Bさん**がどんな人なのか、どんな気持ちでここにきたのか」を知らないという問題もあります。もし**Aさん**が**Bさん**のことを知ろうとしていたらどうだったでしょうか。例えば、元々エンターテイメント系のコンテンツに関心があったこと。話を聞いてみると結構詳しく、楽しそうに話すことを知るかもしれません。ビジネス系の知識が足りないだけで、学ぶ力があることにも気付いたかもしれません。「一から丁寧にウェブメディアについて学ぶことができる」と言われて入社したことを知れば、初歩的なことを聞くのは決して怠慢でも悪いことでもなく、「自然なこと」だったと気付けたかもしれません。

そうすれば、全く違った関係が作れていたかもしれないと思いませんか？

「怖い職場」が生まれる背景の1つには「相手のことを知らない」「知る必要があると気付いていない」ことが挙げられます。それはひっくり返すと「自分の経験が全て」だと思うことであり「普通や当たり前を押し付けること」だと言えるでしょう。

Aさんは「自分だったら××するのに、なぜ××しないのか」と思った時、こう問い直すことができたはずです。**「××しないのには、なにかBさんにとっての合理性があるのではないか？」と。それこそが「怖くない職場」を作るための最も大事なフレーズなのです。**

事例② 「優秀な人が好き」と褒めることでのダブルバインド

Cさんの視点

Cさんは金融系の会社で働いています。いわゆるパワハラな職場環境を乗り越えて、今では中堅になりました。昨今の働き方改革や、ハラスメント対策などの研修も数々受け、部下との関わり方には気をつけているつもりです。「できるだけ褒めて育てることが大事」ということで、部下にはよく、こんな話をします。「自分は頭がいいやつが好きでね、君は実に優秀で素晴らしいな！」「頭がいいということは、上司の指示の背景を想像して、それに応えることなんだ」と。

優秀な社員が多いため、Cさんが怒ることは滅多にありません。しかし、時には失敗をする部下もいます。今回は部下のDさんが、Cさんが依頼した内容について確認を怠り、求めていた内容と全然違う資料を作ってきてしまったのでした。

こんな時、Cさんは昔のことを思い出します。自分が同じような失敗をしたら、同僚の目の前で上司に怒鳴られ、罵倒されていました。あれほど悔しく、恥ずかしかったことはありません。

だから、**C さん**は同じようなことを繰り返さないように気をつけています。とはいえ、優秀だと思っていた**D さん**の失敗には思わずため息をついてしまいました。しかし、ため息くらいは許されるだろうと**C さん**は思います。自分の頃とは比べものにならないほど、今の人たちは恵まれている……。

C さんは、「そもそもこういう目的があって先方と連携しようとしているんだから……」「目的から逆算すると当然こういう要素が必要で……」など、今回の指示の背景についてあれこれと説明します。同じミスがおきないように丁寧に。最後に「次からは、わからないことがあったり悩むところがあったら、気軽に聞いてくれ」と言いました。声を荒げたりは決してしません。しかし**D さん**は気落ちした様子で、「わかりました」と答えました。

それを見て**C さん**はイラッとします。（こんなに優しくしているのに、一体なにが不満なんだろう。最近の人は甘えているな、昔だったら怒鳴られているぞ、俺が上司で良かったな）と心の中で思うのでした。

Dさんの視点

一方、Dさんからはどのように見えていたでしょうか。Dさんは「もうCさんとは仕事をしたくない……」と思っています。特に最後のセリフ「次からは、わからないことがあったり悩むところがあったら、気軽に聞いてくれ」を聞いて、うんざりしてしまったのです。

それはこの言葉が、「嘘だ」とわかっているからです。

Cさんの口癖は「君は頭がいいね！」です。本人は褒めることをベースとしたマネジメントをしているつもりなのですが、部下からするとそれが怖いのです。なぜならCさんは「あまり説明しないで指示を出した時にうまく応える部下」にだけ、その褒め言葉を使うからです。

今回のケースでも、Dさんは十分な情報を渡されずに資料作成を依頼されました。資料を作り出す前に聞いておきたいことがいくつかあったのですが、それでため息をつかれて「使えない部下だな……」という顔をされるのが怖

くて、聞かずに資料を作ってしまったのでした。

結局Cさんのイメージしていた内容とは異なる資料を作ってしまったDさん。「再発を防ぐために」とあれこれ説明してもらったのですが、Dさんからすれば「それを依頼する前にちゃんと説明してくれることが一番の再発防止なのに」と思うばかりです。

その上、「次からは、わからないことがあったり悩むところがあったら、気軽に聞いてくれ」と言われても、全く腹落ち感がないのでした。

いわゆる罵倒や人格否定のようなコミュニケーションを取っていないとしても、気を遣っているつもりの上司が、結果的に「怖い職場」を作ってしまうことはよくあります。

この事例では、いわゆる「ダブルバインド」と言われる状況が生まれています。一方では「頭がいいやつと仕事がしたい、依頼の背景を推測して的確に当てることが大事だ」と言いながら「わからないことがあったら気軽に聞いてくれ」と言うのは、矛盾したメッセージになります。Cさんがどんなに言葉を選んで、Dさんを傷つけないようにしていても、褒めることをベースとしたマネジメントを目指していても、一見話の通じる上司のようにふるまっていても、部下は混乱するのです。

しかも、Cさんは自分に変えられるところがあるとは全く思っていません。うまくできなかったのはDさんのせいであって、Cさんのせいではないと思っています。しかし本当にそうでしょうか。

CさんがDさんに依頼する際に、そもそも丁寧に背景や目的を共有しておけば、認識のズレはなかったはずです。もしかしたらCさんは「自分が知っている情報は、相手も知っているはずだ」と勘違いしていた可能性もあります。**上流にいるのに、情報の非対称性に気付かないマネージャーがよくやってしまうミスです。**

仕事の進め方のレベルでも改善ができるかもしれません。例えば資料作成については、「骨子」「肉付け」「校正」のように、小刻みに確認とフィードバックのタイミングを設ければ、Dさんはもっと安心して取り組めたかもしれません。

Cさんは元々自分がされていたパワハラと比べたら、はるかにマシな関係を作っていると考えています。たくさんの苦労をした結果、今のような関わり方をしているのでしょう。本人なりの試行錯誤があり、それになんの価値もないということでは決してありません。今回のケースが法的にハラスメントとして扱われることもないでしょう。しかし相手の理解の程度を確認しない依頼、質問や確認に対してため息をついての対応、失敗してからの丁寧な説明、そして「次からは、わからなかったら聞いてね」と他責、それらが重なって**Cさん**を怖がらせているのです。皆さんも、**Cさん**や**Dさん**のような経験をしたことがあるかもしれません。

事例③「手柄」を横取りした？

Eさんの視点

イベント企画会社で働く**E**さんは、多くの人を動員する企画のヒットメーカーとして活躍しています。**E**さんを尊敬して入社してくる人もいるほどで、

Fさんもその一人でした。

Eさんは Fさんを手取り足取り指導しながら、Fさん原案のふわふわしていたイベント企画を形にしていきました。Fさんはまだ未熟ながらも夜遅くまで企画を練ったりマーケティング施策を考えていたので、Eさんとしては「仕事熱心な部下でありがたい」とも思っていました。

努力の甲斐あって、企画はFさんが最初に提案した時よりもぐっと動員が見込めるものとなり、Eさんが社内外に話を通したことで、予算も倍以上付くことになりました。しっかりとプロジェクトを進めていけば、大きな成果が生まれること間違いなしです。プロジェクト統括として動き出したEさんは新しい仕事にワクワクしています。

ある日Eさんは、Fさんからこんなことを言われて驚きます。

「Eさんひどいです。今回の企画は私が起案したものなのに、Eさんに成果を奪われました」

Eさんは「おいおい、お前が最初に出した企画なんか大した価値はなかったよ。ほとんど俺が作ったようなもんだ。それなのにその言い方は失礼だ。勉強にもなっただろ？　感謝してほしいくらいだよ」と答えました。

元々Eさんを慕っていたはずのFさんは、それからことあるごとにEさんに反対意見をしたり、仕事を依頼しても熱心に作業しなくなってしまいました。そして険悪な関係が続いた後、Fさんは退職してしまいました。

Fさんの視点

一方、Fさんからはこんなふうに見えていました。Eさんに憧れて入社したFさんは、Eさんと一緒に仕事ができることを楽しみにしていました。これまで以上に企画を練り込んで提案し、Eさんから「いいじゃん」と言われるたびに嬉しく思っていました。

ただ、仕事のハードルはかなり高いものがありました。夜中までやっても終わらないほどの膨大な作業量を求められたり、前に言われた指示とは真逆の方向に修正を要求されたりすることもありました。それでも、自分が考えた企画が形になっていくこと、Eさんと取り組めることが大きなモチベーションとなって、Fさんは仕事をしていました。

いよいよ企画が会議に通ったと聞いた時に、Fさんは驚きました。資料の起案者がEさんになっていたからです。確かにEさんがアドバイスしてくれたことは間違いありませんが、実作業のほとんどはFさんがやったのに……と落ち込み、Eさんに勇気を出して理由を聞いてみました。

「ほとんど俺が作ったようなもんだ」と凄まれたFさんは、裏切られたような気持ちになりました。たとえ業界のルールや常識として起案者がEさんになってしまうことがあったとしても、Eさんには頑張りを認めてもらいたかったのです。

以来、FさんはEさんと一緒に仕事をするのが嫌になってしまいました。どうせ頑張っても手柄は取られるのだし、あんなふうに裏切られるなら、仕事に真剣に打ち込みたいとは思えなくなってしまいました。Eさんが変わらずに他の人たちの努力を吸い上げ続ける様子を見ているうちに、**Fさん**は会社を辞める決断をしたのでした。

Eさんと**Fさん**のケースでも、いくつか認識の違いがありました。1つは、仕事観の違いです。業界によって、「起案者」が、実働をした人ではなくマネージャーの名前になることもありうるでしょう。しかし**Fさん**はそれを知らず、傷ついてしまった可能性があります。そんな時、必ずしも「起案者の名前を変えたらいい」とはならない場面も多いはずです。原案より、そのブラッシュアップが肝だということもあるでしょう。しかし、**認識の違いから生まれた「傷ついた気持ち」を、そのまま蔑《ないがし》ろにしていいわけではありません。**

「あれだけ頑張ったのに『起案者』として記載されないことに驚いたんだね。この業界だとよくあることなんだけど、事前に認識を合わせていなくて申し訳ない。ショックだったよね」と謝罪から始めていれば、ここまで拗《こじ》れることはなかったでしょう。

これに加えて「**Fさん**が夜遅くまで頑張ってくれたおかげでここまでの企画にする

ことができた。入社したばかりにもかかわらずよくやってくれた。ありがとう」と「働きを認め、感謝する」ことができていたらもっと違ったはずです。

また、こういう事例が多いのであれば、社内外の資料におけるクレジットの文化や仕組みを変えることもできるはずです。**「皆（これまで）こうしてきたから」と意見を封殺していると、せっかく意欲を持って入ってきた人たちが会社を辞めてしまうこともあるのです。**能力があるエース社員だからこそ、マネージャーの責任として、より多くの人が安心して働けるようなルールや文化、制度を作ることもできるのです。

事例④ 「女性ならでは」という無理解

Gさんの視点

キャンプ用品のマーケティング部門で働くGさん。これまでは男性向け、家族向けという売り出し方が多かったのですが、最近女性向けの販売促進にも力を入れることになり、なかなか手応えが感じられずに困っていました。
人事にも相談しているうちに、消費財メーカーで女性向け商品展開のマーケティングをしていた女性の**Hさん**が転職してきて、部下になりました。
Gさんが担当していた商品のマーケティングは、**Hさん**に主に担ってもらうことにしました。よく勉強していてアイデアも豊富な**Hさん**の様子を見て、**Gさん**は「安心して任せられるな」と考えていました。
Hさんからは、意見を求められます。しかし「女性ならではの視点を生かしてもらえたらいいと思う」「男性の私に、正直女性のことはよくわからないからなあ」と、反対意見を言うのは控えました。
しかし**Hさん**は、「私もキャンプに詳しいわけじゃないから手探りなんです」「ユーザー目線に立つためにインタビューをしているところで……」「実際に市場に出してみないとわからないですから、アドバイスいただけませんか」と謙遜します。**Gさん**はそのたびに、「いやいや、私は男性だから」「自分の意見なんて役に立たないだろうし、任せますよ」と繰り返しました。

Hさんが担当する商品のマーケティング施策が進むにつれて、彼女は目に見えて元気をなくしていきました。**Gさん**は「こんなにいろんなことを任せて自由にやれる環境なのに、なにが不満なんだろう？」と不思議に思います。

Hさんにモチベーションを上げてもらおうと「大丈夫、女性向けの商品だし、**Hさん**が考えている施策はきっとうまくいきますよ！」と声をかけると、**Hさん**は「女性、女性って、なんなんですか!?」と涙をこぼしながら怒ってしまいました。結局施策はうまくいきませんでした。**Gさん**は「女性だからといって、女性の気持ちがわかるわけじゃないんだな」と、ガッカリしました。居づらくなったのか、**Hさん**はすぐに転職してしまいました。

Hさんの視点

一方、**Hさん**からはこんなふうに見えていました。彼女は元々文房具のマーケティングの仕事をしていましたが、キャリアを重ねるうちに「今はあまり女性向けだと思われていない魅力的なものを、もっと女性が楽しめるようなマーケティングに取り組みたい」と思うようになりました。そんな目的で転職活動をしたところ、縁があったのがキャンプ用品メーカーでした。

Hさんは即戦力とみなされていました。転職してすぐに、直属の上司である**G**さんが担当していた「女性向けのキャンプ用品」の施策を引き継ぐことになりました。初めての仕事にドキドキしながら、まさに自分が希望していたようなチャレンジができることを楽しみに思いました。

「必ず成功させたい」と思い、必死で調べてアイデアを持っていき、**G**さんに意見を求めました。するとなんでもかんでも「女性ならではの視点だね！」「やっぱり女性だから違うなあ」と受け入れられてしまいました。

Hさんは、全く意見されず、吟味されないままアイデアが通ることがこれほど嫌なものとは……と、初めての経験に驚きました。「女性である」がゆえにアイデアを否定されるよりははるかにマシかもしれないけれど、「女性である」がゆえに対等な議論が成り立たないことにモヤモヤします。

業界知識がないまま転職したため、**Gさん**に相談したいことは山ほどありましたが、ちっとも話し合うことができません。アイデアの壁打ちをしたくても、のらりくらりとかわされて意見をもらえませんでした。**Hさん**はだんだん自信をなくしていきました。

Gさんから「女性なんだからうまくいくよ」と無責任な声をかけられた時、**Hさん**は思わず感情が昂《たかぶ》ってしまいました。「いい施策にしたいから意見してほしい」そう伝える**Hさん**の意図はまるで伝わらないままでした。

結局マーケティング施策はうまくいきませんでした。**Gさん**のガッカリした様子をきっかけに、**Hさん**は転職を決めたのでした。

これを「怖い職場」と言うと、不思議に思うでしょうか。女性差別とは違う、と感じる人もいるかもしれません。しかし、これは典型的にケアが欠如した関わりです。まず、**Gさん**は**Hさん**を終始、一人の人間ではなく「女性代表」として取り扱っていました。実際には、男性に無限の多様性があるように、女性も同様です。男性だからといって、他の男性の気持ちがすっかりわかるなんてことがあるでしょうか。人は皆違うのですから、女性もまた、皆違います。

それにもかかわらず、**Gさん**は自分が男性だから女性のことがわからないと思い込んでいます。**Gさん**はこれまでも、インタビューやフィールドワークを十分にしないまま、マーケティングの手応えがないことを性差のせいにしてきたのでしょう。**Gさん**が最後に「女性だからといって、女性の気持ちがわかるわけじゃないんだな」とガッカリしたことは、「女性だから」というだけで、**Hさん**に過度な期待を持っていたことの裏返しです。

さらに、**Gさん**は**Hさん**の上司として、議論することも怠っていました。転職したばかりで業界のことがよくわからない**Hさん**に、長年勤めている**Gさん**ならキャンプ市場のこと、キャンプ道具の魅力や価値について、語りうることがいくらでもあったはずです。しかし、上記のような考えから遠慮をしすぎてしまいました。

Hさんは明確に助けを求め、相談していたのに、**Gさん**は無視し続けていました。それによって**Hさん**は、本来抱えるべきではないほどの責任や重圧を与えられてしまったのです。加えて、成果が上がらなかった仕事について、フォローするどころか失望をあらわにしたことは、Hさんを大きく傷つけたのです。

もしもGさんがHさんを一人の対等な人間として見ることができたなら、関わり方は変わったはずです。まず「自分がこれまで業界で学んできたことを共有しよう」と思えたはずです。「転職してきたばかりだから不安も多いだろうし、できるだけ相談に乗ろう」「上司の責任として、最初の仕事が成功するように支援しよう」と思えたかもしれません。しかし、その全てを「女性だから」という理由で行わなかったのです。悪意がなかったとしても、結果として行うべきサポートが行われなかったという点で、ケアを欠いてしまったのでした。

事例⑤　ハラスメントを恐れ、仕事を奪う

Iさんの視点

あるシステム開発会社で働いている**Iさん**。同僚と比べてもかなりパフォーマンスが高く、プレイヤーとして優秀でした。その能力を評価され、チームリーダーに抜擢されてマネジメント業務も行うことになりました。自分の能力を信頼されてのことなのか、チームのメンバーは若手が多く、即戦力級のメンバーは少ない状態です。

Iさんは、ＳＮＳなどでハラスメントがよく問題になるのを知っていたので、「ハラスメントをしないように気をつけよう」と考えていました。

Iさんはチームのメンバーに業務を任せてみるのですが、進捗が悪かったり、根本的なミスがあったり、思うようなクオリティで仕上がりません。

そういう時に逐一、ミスしている箇所を伝え、改善を依頼するのは億劫だし、パワハラだと思われるのも嫌でした。また**Iさん**自身は、自分でミスを見つけたり学んだりする力が高かったので、誰かに指導された経験がほとんどありませんでした。だから、ミスをする部下にどのように指導すべきか、適切な方法がわからないというのが正直なところでした。

それで、「あとはいいよ、こっちでやっておくから……」と巻き取って、一から自分でやり直しました。部下の**Jさん**には、「やり直させてください」と言われたことが何度かありました。しかし、納期も迫っていたことから、申し出は断りました。代わりに**Jさん**やその他のメンバーには、誰がやってもクオリティに差が出ない、簡単な業務を任せるようになっていきました。

チームのパフォーマンスが伸び悩む一方、**Iさん**のチームはだんだんと重い業務を任されるようになっていきます。安心して仕事を任せられる部下がいないため、結局、最後にはすべてのプロジェクトを巻き取って、ギリギリで納品するような日々が続きました。

そんな忙しい時に限って、業務と関係のないトレーニングをしている**Jさん**から「少し落ち着いたら、これ見てもらえませんか？」と言われます。**Iさん**は思わず「今忙しいから。見ててわかんないかな？　誰のせいだと思ってんだよ……」とトゲトゲした口調で言ってしまいました。

Iさんは、過労とストレスで体調を崩し、急遽入院することになってしまいました。穴埋めを依頼できるメンバーもおらず、開発に大幅な遅れが出てしまい、社内での評価も下がってしまったのでした。

Jさんの視点

数年システム開発を続け、少しずつ技術が身に付いてきた**Jさん**。「もっと仕事ができるようになりたい」と思っていたので、社内でも技術力があると知られている**Iさん**のチームに入ることができて、喜んでいました。

しかし、**Iさん**は「自分ができることは、他人もできるはず」と思ってしまうタイプの人でした。特に部下それぞれの能力に合った業務量やスケジュールの計算があまり得意ではない様子で、能力や経験的にまだ難しそうなタスクを部下に任せた結果、本人が一からやり直すことになったり、あまりに短い納期を設定した結果、タイトなスケジュールで作業を進めなければならなくなったりすることが多くありました。

Jさんもなんとか仕事についていこうと、学びながらやるのですが、十分な時間がなく、実力も追いつきません。結局**Iさん**にため息をつかれて「何ならできるかな……」と小声でつぶやかれ、コードをコピー&ペーストすれば終わるような、誰にでもできる業務を任されることが増えていきました。

Jさんは何度か**Iさん**に「やり直すので、改善点を教えてもらえませんか？」と依頼したのですが、「大丈夫、それやってるほうが手間だから、巻き取ります」と目も合わさずに言われます。**Jさん**は、次第に**Iさん**のことが怖くなって、仕事を任せて指導してほしいと言えなくなりました。

プロジェクトがギリギリになるほど、**Jさん**には仕事が回ってこないので、手持ち無沙汰になってしまいます。チームが追い込まれているのに、自分にやることがない状態は苦しく、せめてなにかを……と思い、自分なりに学習したりもしました。しかし、**Iさん**はもちろんのこと、社内は忙しい人ばかりで、フィードバックしてくれる人は誰もいませんでした。

――Iさんがストレスと過労で倒れて混乱した状況の中、Jさんは転職を検討し始めました。――

「今の時代、なにがハラスメントになるかわからない」「いっそ、関わらないようにしよう」「難しい仕事を依頼したり、フィードバックしたりするのはリスクだから、簡単なことだけやらせておけばいい」

ハラスメントを恐れるあまり、他者のことを知ろうとしたり、その人が仕事をうまくできるようになるための支援を行う責任から目を背けてしまうことがあります。結果的に「放置」「放任」に至ったのが、この事例です。**I**さんには、2つ足りない視点がありました。

1つは、仕事を任されずに放置される部下が、非常に苦しむということです。部下が取り組みたいことやチャレンジしたいこと、少し背伸びしたりサポートを受けながらなら取り組めることを考え、仕事としてうまく組み合わせられるように業務を分割して配分することは、マネージャーにしかできないことです。未熟なうちは誰しも、自分の能力を分析したり、業務をうまく分割したりする力が足りないからです。

　多くの人は、自分のできることで貢献すること、能力を身に付け、それを認められることで喜びを覚えますが、マネージャーが業務を配分しないと、部下はそういった働きがいを奪われてしまうのです。

　そして、もう1つは、チームのスキルが上がらなければ結局、自分に負担がかかって、最後には心身の健康を崩してしまうことです。今回は**Iさん**が、部下に仕事を任せ、育成することができなかったために、身体を壊し、プロジェクトも遅れ……と散々な結果になってしまいました。

　Iさんだけの責任ではありません。職場がマネジメントに関する学習機会を提供することは、とても大切だったでしょう。たとえプレイヤーとして優秀だったとしても、マネージャーとしてのスキルや経験はなかったわけですから。もし職場が**Iさん**をサポートしていれば、今度は**Iさん**が**Jさん**をサポートする、という好循環を生むことができたかもしれません。

「ハラスメントと言われるのが怖い」という態度は、「こうしてはいけない」「これは危険」という情報にしか触れていない時、生まれてくるように思います。ハラスメントと言われないためのコミュニケーションではなく、互いをケアする観点で「どのように関わることが良いのか？」について学ぶことが重要なのです。

Iさんは**J**さんに対して「なんでこんなこともできないんだろう」と考えていました。しかし、そこでもし「できるようにするには、どうしたら良いだろうか？」「自分にできることは？」「仕組みを変えることで、改善できることがあるだろうか」と問い直すことができれば、きっと大きく違う展開が待っていたはずです。

事例⑥　ダメ出しばかりのマネージャー

Kさんの視点

あるITベンチャー企業で働くKさん。組織の初期の頃からジョインしていて、様々な役職を経験しています。会社は最近、業績も上がって新卒社員を採用するようになり、組織拡大して活気付いています。

それ自体は良いことなのですが、**Kさん**は最近うんざりしていることがあります。それは、さも新しいかのように改めて蒸し返すまでもないようなアイデアを提案してくる新メンバー、**Lさん**の存在です。

初期のメンバーだけの頃は、皆が同じ経験を共有していました。**Kさん**は「それは前にやってうまくいかなかったんだよね」と教えてあげるのですが、なかなか**Lさん**は納得してくれないのです。

Lさんがしつこいので、**Kさん**は、自主性を尊重するのも大事かもしれない、と思い直して「どうしてもやりたいならやってみれば？」と伝え、放任しました。すると案の定、うまくいきません。「だから言ったのに」「無駄だったね」と改めて伝えると、**Lさん**の態度はだんだん落ち着いてきました。

しかし今度は、**Lさん**はなにをするにも「どうしたらいいですか？」「これまではどうしていましたか？」と聞くようになりました。

Kさんは、「少しは自分の頭で考えて。自分の頭で考えないやつは、向いてないよ」と突き放すように言いました。この会社はベンチャーなのだからなんでも前例踏襲ではないし、自主的に物事を考えてほしい。そういう人だけが、この会社で生き残ってきたのだ、という気持ちもありました。

Lさんは相談もなく、いきなり仕事を辞めてしまいました。

「ああいう人は向かないんだよね」と**Kさん**は人事に言いました。「次はもっと自分で考えられる人を採用してよ」

Lさんの視点

一方、**Lさん**の目からはこんなふうに見えていました。

Lさんは「成長中の会社で、自分も思いきり成長したい」と考え、意気揚々と、ＩＴベンチャー企業に入社しました。

組織や事業のことを考え、様々な打ち手や改善策を提案します。人事には「どんどん意見を出して自分がこの会社を作っていくという気持ちで働いてほしい」と言われていましたし、そういう働き方がしたかったのです。

しかし、古参の社員である**K**さんは、**L**さんが提案することに、必ず否定から入って受け答えします。過去の失敗事例や取り組みを理由に、「うまくいくはずがない」と言うのです。ただ、当時のことを、「どこが問題だったんですか？」と聞いても、失敗の背景までは教えてくれません。

当時とは状況も違うし、そもそも過去の失敗の構造や要因がわかっていないのであれば、次は違う方法で挑戦すればうまくいくかもしれません。「一緒に成功させよう！」という精神で関わってもらいたいのですが、なにかにつけて「ほらね、やっぱりうまくいかなかったでしょ」と失敗を鼻で笑われてしまって、すっかりモチベーションが下がってしまいました。

入社した直後にあった情熱やエネルギーはすっかり霧散してしまい、自分で考えるのが面倒になって、なんでも聞くようになりました。後から文句を言われるくらいなら、言われた通りにやって失敗したほうが良いと思うようになったからです。そういうふうには働きたくないな、と思っていた人間に自分自身がなってしまったことを、Lさんはショックに思っていました。
Kさんから「君みたいなのはベンチャーには向いていない」と言われたことが決定打となり、退職を決めました。言ってもなんのメリットもないので、退職の理由としてKさんのことをわざわざ伝えたりはしませんでした。

挑戦すること、そしてその結果として失敗することが許されない組織は、窮屈で前例踏襲的になります。前例の通りにやったと言えば、それが失敗の言い訳として機能するからです。だからこそ、新しく入ってきた人が、経緯を知らずに的外れなことを言っているのを見ると、Kさんのように脱力したり、面倒だなあという気持ちになってしまうこともあるかもしれません。

しかし、KさんとLさんには明らかに情報の非対称性があるのですから、Lさんの限定的な合理性の中で考えたアイデアに、不足があるのは自然なことです。むしろLさんに見えていないポイントをKさんが共有することで、「なぜうまくいかなかったのか」を一緒に考えることができれば、前に失敗した時とは違うアイデアにレベルアップさせることもできたかもしれません。
しかし**Kさん**はそのような関わりはしませんでした。「どうせ失敗するけどやってみたら」と**Lさん**をサポートもせずに放任し、失敗させることで自信を喪失させました。それにもかかわらず「自分の頭で考えて」とさらに混乱させるようなことを言っています。「次はもっと自分で考えられる人を採用してよ」と言いながら、実際にはそういう人を自分で潰しているのです。
もしも**Kさん**が「どうして**Lさん**はこんな提案してくるんだろう?」と考え、「そうか、前に失敗したことを知らないんだ。それはどうして?」とさらに問うことができれば「それはこの組織が、失敗した事例をちゃんとナレッジにしていないからだ」と気付けたかもしれません。もっと言えば「なぜ失敗したのかを分析して、次に生きる知識を生み出す」こともしていなかったことに気付くかもしれません。
今おきている目の前の現象は、自分と関係ないところから生じているのではなく、自分もその現象が生じる構造の中にいると気付けたら「自分にはなにができるだろうか?」と問い直すことができるはずなのです。

CHAPTER

2

PRINCIPLE

原理：ニーズとケアから考える職場の人間関係

第1章では様々な事例を見てみました。グレーゾーンのハラスメント的な言動を見ると、それがある意味ではありふれたコミュニケーションだと気付いたはずです。

また一方では、「怖くない職場」を作るためのコミュニケーションが、自分の職場で行われるものとはずいぶん違うように感じた人も多いのではないでしょうか。

第2章では、ケアリング・ワークプレイスの前提となる原理をお伝えします。個人のコミュニケーションはもちろんのこと、組織の文化や制度を考える上でも、この原理をしっかりと理解することが大きなヒントになるはずです。

人の感覚は共有不可能

まず、全ての前提から共有していきましょう。第1章の事例を見ても明らかなように、人は自分のことも他人のこともよくわからず、勝手に思い込んで、期待して、傷ついたり、怒ったり、悲しんだりします。反撃とばかりに責めたり、罪悪感を感じさせたり、無能感を与えたり、辱めたりします。どうしてこんなことがおきるのでしょう？　私はこれを考える手がかりとして、そもそも「人間とは何か？」という問いから始めたいと思います。

私は、**人は「それぞれ固有で共有不可能な感覚を持ち、それに基づいて世界を解釈する存在」**だと考えます。人は誰もが異なる感覚を持ち、同じことを経験しても同じように感じたり考えたりはしません。同じ花を見て「美しい」と言ったとしても、ある人はその色を、ある人はその形を、美しいと思っているのかもしれません。仮に同じ色が好きだとしても、なぜ好きなのか、どのように好きなのかは違うかもしれません。私たちは誰とも完璧にはわかり合えません。そもそも、自分がなぜそれを好きなのかを説明することすら、できないはずです。なぜだかわからないけれど惹かれ、なぜだかわからないけれど嫌だと思う。これが前提にあります。

なぜ好きなのか、なぜ嫌なのか、自分のことさえわからないのです。さらに、たとえ自分の確信があったとしても、それを他者に正確に伝えることはできません。

競技ディベートを想像してみてください。海に行くのかプールに行くのかどちらが良いか。万人に当てはまる答えはありませんが、どちらかの立場に立って討論を行い、説得力の高いほうを勝利とするゲームです。世の中には「どちらの意見もそこそこ論理が通っている」ことばかりです。このゲームではどちらかの立場に立って論理を組み立て、もう一方に反論、説得します。

しかし、現実世界はそうではありません。「自分は海に行きたいな」と思ったら、プールに行かないロジックを建てる必要などありません。行きたいんだから、行くのです。海が好きなのです。なんで行きたいのかと尋ねたら「広いから」とか「空が気持ちいいから」と答えるかもしれません。「じゃあ広いプールでいいじゃん」「オープンエアのプールにしたら」と反論されても、それを論理的に覆す必要はないのです。「いや、なんか違うんだ」としか言いようがありません。あれこれ理由をつけても、結局のところ「海がいい」というだけなのです。それは悪いことではありません。ただ単純に、そういうことなのです。

皆それぞれが異なる感覚を持ち、それゆえに異なる価値観を持ち、ゆえに同じ現象

に対して異なる感情を抱き、違った論理で結論を導きます。どんなに論理を重ねても、最後は「快か不快か」という感覚が前提にあります。論理よりも感情よりも先の感覚です。嬉しいとか悲しいという感情よりも、快・不快が先立って存在しているからです。さらに、こうするべきだとか、ああするべきだといった「当為」の論理よりも感情が先にあります。こうなると私は嬉しいから、こうすべきだと考える。こうなると私は嬉しくないから、こうすべきでないと考えるのです。

例えば、文化が違えば、ベッドに靴を履いたまま寝そべることがあります。机の上に足を置くことを、特にマナー違反だと思わない文化もあります。基本的な事物をどのように扱うかの解釈に違いがあり、それが実際の言動に影響しているわけですが、人によってはそれを失礼だと思ったり、違和感を覚えたりします。「なんかそれって汚く感じる」と思う人もいれば、それが自然なことで、全く不快の感覚に紐づかない人もいるのです。

また、そこで起きている現象すら、共有できないこともよくあります。

例えば「あなたの行為は、余計なお世話なんです」と伝えたら、相手から「余計なお世話だなんてひどい、あなたのためを思ってやってあげたのに」と言われることがあります。この二人にとって、現象はまったく異なる形で解釈されているのです。

起きている現象が同じでも、人によって見え方や感じ方、世界の捉え方が異なることもあります。

異なる解釈と出合うと人は傷つきニーズを持つ

こんなふうに、机やベッドをどのように考えるかといったことや、あるいはどんな行為が「余計なお世話」なのかといったことの解釈は、不一致に陥ることが多くあります。それは、誰もが異なる感覚を持っていて、それを共有できない以上、絶対におきることです。そして、**異なる解釈と出合った時、人は傷つくと私は考えます。誰かと一緒に生きていくことは、傷つくことの連続なのです。**

自分にとっては辛いことを、相手は良かれと思ってしてくるかもしれません。自分が当たり前にしていることが、相手にとっては不快なことかもしれません。わかり合おうとして話し合っても「自分はそう感じないもん」と切り捨てられてしまうこともあるでしょう。「じゃあ、一緒に生きていくのはやめようか」ということだってありえます。

自分と異なる解釈と出合った時、人は自分の解釈が不安になります。自分が感じ、考えていることは本当に「正しい」のだろうか？　自分が感じ、考えていることは「間違い」なのではないか？　つまり、自分の「感覚」にまで不安を抱くのです。他者と関わり、解釈のズレと出合う時、根本的に自分を支えるものまでが揺らぐ。私は、これが人間の最も深い傷つきであり、最も味わいたくない恐怖であると考えています。

そしてこの「傷つき」こそ、人間の最も深刻な「ニーズ」の源になります。

ニーズとは「そこから離れたいもの、味わいたくないもの」です。例えばご飯が食べたいという欲求も、「空腹である状態から離れたい」と捉え直して理解することができます。

人間はそれぞれ感覚が異なるため、世界の解釈もそれぞれにユニークです。他者の持つ異なる解釈に触れることで、自分の解釈が揺らぎ、感覚を信じられなくなり、傷つきます。自分や世界がぐらつく感覚は恐ろしく、そこから離れたいというニーズが生まれます。

私たちは誰もが「共に生きる人と、解釈を共有したい」のです。それは最も根本的なニーズです。人は誰かと生きることで傷つき、ニーズを持つにもかかわらず、他者と関わることなしにはそのニーズを満たすことができません。この点において、世界は極めて不条理です。

しかし、もし奇跡的に他者と解釈を共有することができた時には、一人では簡単に揺らいでしまう世界が安定し、人は安心します。自分の感じ考えることが自然なことであり、間違っていたり、おかしいことではないと思えるからです。

傷つくことを承知で、人は他者に依存する

このような点において、私は人が誰もが「他者に依存している存在」だと考えます。人は他者なしには、自分や世界を安定させることができないからです。

依存と言うと、どこかネガティブなイメージがあるかもしれません。アルコール依存症などの精神疾患の病名としても使われる言葉です。なにかに頼らないではいられないような人のことを、依存的な人だと呼ぶこともあると思います。そして「依存」の対義語として使われるのが「自立」です。

現代の日本に強く影響を及ぼしているネオリベラリズム的な世界観では、成長とはまさに自立することです。他者の力に依存することなく、一人の個人として生きられるようになることこそが良いことであり、達成すべきゴールだと考えます。「自己責任論」に象徴されるように、人に迷惑をかけたり、助けてもらったりすることは不名

誉なことであって、避けるべきことというふうに理解されることも多いでしょう。

かと言って、人は一人で生きていけるかといえばそんなことはありません。

リモートワークで働き、誰にも依存していないと思う人もいるかもしれませんが、この人もインターネット環境、住環境、電力などのエネルギー、デリバリースタッフなど、無数の人間の協力の中で生きており、一人で生きていると考えることは困難です。今後、人口減少に伴って都市化が進み、若い世代が地元からいなくなっていく地域では、このようなサービスはそもそも成り立たなくなる可能性もあります。こう考えれば、より大きな社会構造や環境の変化によって、これまで自分を支えていた他者の力に気が付くかもしれません。

例えば引きこもりの人は誰とも関わっていないじゃないかと考える人もいるかもしれませんが、実際には家族や他者と生きています。SNSで誰かの相談に乗っているかもしれません。環境が変わって家を出ることになれば行政のサービスを頼るかもしれません。それは一人で生きているのではなくて、多様な関係の網の目の中で生きていることを意味しています。

つまり、人は一人では生きられない。もっと言うならば、「一人で生きたくても生きられない」ということかもしれません。人は、自分のことも他人のこともよくわからないし、それゆえに誰とも全てを分かち合うことができず、**人と生きると不可避的に傷つくにもかかわらず、一人では生きていけないのです。**

人は産み落とされてしまった瞬間から、誰かにケアされなければ簡単に死んでしまう、非常に無力で脆弱な存在です。そして大人になって、介護される段階に至っても、人は他者に依存し続けています。それが生きることと言っても過言ではありません。

このように人間の存在の基底にある「脆弱性」や「依存性」から、人間存在やその関わり、政治経済的な社会のあり方、世界の持続可能性などについて考える立場を、大きく「ケアリング・アプローチ」と呼びます。

この立場はミルトン・メイヤロフ『ケアの本質』がその起こりとして考えられています。看護や教育など、対人援助の領域で特に参照され、現在に至っては法学、リーダーシップ研究、政治学などにまで広がりを見せている思想の一大潮流です。私はこの**ケアリング・アプローチを職場に持ち込むことで、ケアリング・ワークプレイス、**

すなわち「ケアする職場」を提案したいのです。

ちなみにケアの考え方を地球環境や事物にまで広げると、人間はもっと多くのものに依存していると考える立場もあります。日常生活はもちろん、ビジネスも、本質的にはこの地球環境からの恵み、その持続可能性に当たり前のように依存しているからです。化石エネルギーはもちろん、その他の再生可能エネルギーでさえそうです。

幸福とは、相互依存の関係を生きること

このように考えてみれば、誰にも「依存」しない「自立」は、そもそもありえない想定だとわかります。原理的にありえないにもかかわらず「自立」を重視する人になにがおきるか？　それが「依存の否認」です。

例えば「俺と同じくらい稼いでからものを言え」と妻を支配する夫がいます。夫は

家庭のことに関わらず、子育てにも関わっていない。ところがそんな夫が「家庭を持つのが大人の証。子どもを持って一人前」と考えていたりもするのです。夫は、自分の人生や幸福において明らかに他者に依存していることに気付いていません。

誰にも依存していないことを、良いことで「自立」だと考えると、自分をケアして支える者の存在を認めることはできません。そうすると「家族は自分に依存している。依存させてあげられるほど自分は強くて、偉くて、頑張っている」という歪んだ認知になるのです。本当は、支え合って相互に依存しているのに、それを認められず、「周りは無能、自分が有能」と考えるのです。

　私はモラハラ・ＤＶ加害者の学びの場を運営する中で、このような事例を驚くほどたくさん見てきました。いざ別居・離婚となってみたら、「働く意味を見失った」「なんのために生きてきたんだろう」と弱って、うつ病になってしまう人もたくさんいました。

　実は、働く動機や仕事をすること、お金を稼ぐことの意味ですら、自分を成り立たせるような他者との暮らしのためであり、つまり他者依存的であったということは本当によくあります。

ケアの倫理に従って「自立」を考えるなら、それは相互依存することです。依存という言葉がネガティブに響くのであれば、自他のニーズをケアし合えるような関係を生きることこそが、成熟していくことの意味になるのです。

しかし繰り返しになりますが、人と関わり続ける限り、「わかり合えない」ことで生じる痛みがゼロになることはありません。そもそも人によってユニークな感覚を持ち、解釈が異なり、その解釈の違いと出合って傷つくからです。「自分の全てを受け止めてほしい」とか「自分の思い通りに動いてほしい」というニーズが完全にケアされる日はきません。

もしも自分のニーズが完全にケアされることがあるとすれば、それは他者を完全に道具として扱った時だけです。自分が感じ考えるように、他者にも感じ考えることを要求し、自分がしてほしいことを他者に完璧にさせる時だけです。このような完全なケアが可能なら、それが欲しいと思う人もいるかもしれません。しかし、この考え方には根本的に抜けている視点があります。目の前の他者にも固有の感覚があり、解釈があり、ケアされたいと願うニーズがあるということです。誰もがユニークな感覚を持っているのですから、互いの全てをケアすることもされることもできません。そこには必ずズレが生じます。

それなのに、感覚のズレを無視して無理矢理完全なケアを要求する時、相手のニーズを想像して汲み取ろうという能動的なケアの姿勢は、全く欠如します。そのような関係は、短い間は維持できたとしても、必ず限界がきます。

なぜなら、相手のニーズを全てケアしようとする時、そもそもそれが不可能なことに加えて、そのために自身のニーズをケアすることは諦めざるをえないからです。自分のニーズが誰にもケアされないでいると、自分という存在が不確かになり、世界が揺らぐ恐怖を覚えます。人によっては死を選ぶほどの苦しみになるので、続けられないのです。

私たちは、生まれた時から傷つくことが運命付けられていて、自分のニーズも他者のニーズも完全にケアすることはできません。このように述べるとあまりに悲観的に聞こえるかもしれません。ケアリング・ワークプレイスを作りたくて読んでいるのに、一体この著者はなにを言っているのだろうと思った人もいるかもしれません。

しかし、このような前提に立ってこそ、私たちはケアし合うこともできると思います。つまり「完全にはわかり合えないからこそ、わかり合おうとすることができる。不完全だからこそ、間違いを認めることができる。一人では生きていけないからこそ、できる範囲で一緒に生きていこうとすることができる」のだと。

それはあくまで「持続可能な範囲で、ケアし合おうとすること」が目指す関係であり、ケアに失敗する可能性を常に含み、ほどほどに満足し、多少の不満を伴いながらも、一緒に生きていこうとすることです。

だからこそ、**ニーズを知ろうとしないこと、そしてニーズをケアしようとしないこと、すなわちケアの欠如が加害の本質だと考えます。**ケアの欠如こそが、職場でおこる加害的なコミュニケーションの正体です。裏を返せば、ケアこそが「怖くない職場」を作るために必要なことなのです。

始まりは自他のニーズを知ろうとすること

人は他者と究極的にはわかり合えないという前提で、それでもなお自分のことと、相手のことを知ろうとすることが、ケアリング・ワークプレイスを作るコミュニケーションの始まりです。

自分は、相手は、どんなことで喜ぶのだろうか。どんなことで傷つくのだろうか。どんな時に誇りを持ち、どんな時に嫌気がさすのだろうか。ワクワクするのはどんな時で、逆にやる気が出なくなるのはどんな時か。それがわからないとなにも始まらないのです。お金を思いきり稼ぎたい人もいるでしょう。意義のある仕事がしたい人もいるでしょう。自分の専門性を伸ばしたい人もいるでしょうし、良い人間関係の中で働きたい人も、自分の家族や趣味が一番大事な人もいるはずです。

誰もがニーズを持っています。そのニーズは快・不快の感覚でしか説明できないもので、人によって異なります。「なんでそれを望むのかなんてわからないけど、自分はそれが欲しい」ということです。

ここでもう一段階深く潜って考えてみましょう。人はなにかを望んでいる（want）のでしょうか。それとも、欠乏を恐れているのでしょうか。

私は、欠乏を恐れていると考えています。なにかが「欲しい」というより、なにかから「離れたい」と思っている。例えばお金を稼ぎたい人は、お金が欲しいというよりも、お金がない状態を恐ろしく思っている。意義のある仕事がしたい人は、意義がない人生を生きることを恐れている。人間関係が良い職場を求める人は、孤独や嫌われること、居心地の悪い関係を恐れている、と。

これは、生まれた瞬間の命を想像すれば理解しやすいでしょう。生まれる直前の命にはニーズがなく、ある意味では十全な存在です。欲しいものもなにもなく、完全に満たされています。しかし、ひとたび自らの命を生きようとするその瞬間から、無数のニーズが生じます。お腹が空いた、安全な場所に滞在したい、喉が渇いた……。つまり「欲しい」の前に「苦しい」があるということです。そしてなにかを食べることで、安心な場所にいることで、飲み物を飲むことで「満たされた」と思うのです。

古代ギリシャでは、幸福とは「まず生まれて来ないこと、続いて、今すぐに死ぬこと」と考える思想があったそうです。そのくらい、命それ自体は、ニーズを持ち、ケアを必要とする脆弱な存在です。

人間存在の根本にあるのは快よりも先に不快であり、不快な状態を快の状態にしたいという感覚こそがニーズです。**人は生きている限り常にニーズを抱えていますし、人の言動の全てはこのニーズを満たそうとする行為だと考えることもできるでしょう。**

このような理解をした上で、改めて第1章の事例を振り返ってみるとどうでしょうか。誰もが、それぞれのニーズを持っていることがわかると思います。

例えば、メディアの制作会社にいた**Aさん**のニーズは「切磋琢磨できない環境では孤独を感じ、不快である（から、自分と同じように主体的に学び、仕事をする仲間がほしい）」だったのかもしれません。

一方で**Bさん**のニーズは「自分の求めるキャリアに向かっていけない不透明さが恐ろしい（から、応援してくれる職場で働きたい）」だったのかもしれません。しかし、それらは知られることもなく、ケアされることもありませんでした。

そんな職場は、誰にとっても「怖い職場」です。自分のニーズが理解されないことは、不快な状態が継続することです。そこでは他者が自分を人間的に尊重しようとしているとか、大切にしようとしていると感じることがありません。

しかし、**ニーズというのは多くの場合、認めることが難しいものです。それは弱さであり、脆弱性であり、怖がっていることであり、不安だからです。**ニーズ、つまり「弱さ」を持っていないほど、強く優れた人間であると思い込んでいる社会では、ニーズを認めづらいのです。それゆえにケアをすることもうまくできません。さらには人がニーズを見せて「ケアしてほしい」と言っているのを見ると「甘え」だとか「ズル」だとさえ思ってしまうのです。

自分のニーズを伝えて、ケアを依頼する力

自分のニーズを隠したり、ないもののように扱うと、自分がなにを望んでいるのかもわからなくなり、他者に適切にケアを求めることができなくなってしまいます。そして、ニーズを自覚していないと、適切にケアする能力も身に付きません。

例えば、アトピーが痒くて何度も掻いてしまう人がいるとします。そのたびに血が出て、かさぶたのようになり、治りかけるとまた痒くなり……を繰り返してしまいます。引っ掻かずに薬を塗ると治るのですが、本人が適切なケアの方法を知らなければ、いつまでも引っ掻き続けて、かゆみに苦しむことになります。

ここでは自分のニーズを「当座のかゆみを減らすこと」とし、そのケアを「引っ掻くこと」だと理解して行動しています。これではいつまでも繰り返すか、あるいは悪化してしまう可能性もあります。薬を塗るなど適切なケアをしなければ改善は難しい

でしょう。

こんな事例であれば、それはそうだ、と納得する人も多いと思います。しかし、職場で自分のニーズをしっかりと理解し、それを自分でケアしたり、他者にケアを依頼したりできるようになることは意外と簡単ではありません。

例えば、第1章の事例の**Aさん**のように、「自分で調べて」と**Bさん**に言ってしまうような局面です。これは**Aさん**自身のニーズを真の意味でケアするために適切な方法だったでしょうか。

例えば、**Aさん**はこんなふうに**Bさん**に伝えることもできたでしょう。「自分は、主体的に学んで頑張る人と切磋琢磨して働きたいんだ。指導をしている時間、自分の時間を搾取されている感じがするというか……。直接自分の成長に繋がらない時間があると、いつか役立たずになるんじゃないかと思って怖いのかもしれない。だからできれば、君にも協力してほしい」と。

Bさんがその言葉を受けてどう感じるかは別として、少なくとも「自分で調べて」よりはマシかもしれません。**Bさん**は**Aさん**のニーズを知ることができたからです。

Bさんからすれば「そうはいっても、自分はキャリアの不透明性をなんとかしたくて、ちゃんと応援してくれる職場で働きたい」と思っているし「丁寧に教えてくれると聞いて、この会社に決めたのに……」と思うことでしょう。

それを**Aさん**に直接伝えることもできるかもしれませんし、人事担当者に伝えることもできるかもしれません。職場でマネージャーの位置付けにある**Aさん**が、**Bさん**のニーズを知ろうとするプロセスも必要でしょう。**マネージャーの役割とは、チームのメンバーのニーズをケアすること、ケアできるような環境を作ること、その両方だからです。**

Aさんも同様です。**Bさん**はあくまで新入社員であり、会社の文化や仕組みについて慣れ親しんでいる存在ではありません。**Aさん**はむしろ人事・採用担当者に、「どういう人に来てほしいのか」というニーズを適切に伝える責任があります。自分はこういうニーズを持っているから、それに適応できる新人を入れてほしいし、そういう人であれば、自分も無理のない範囲で応援したいと思えるから、結果的にケアしやすくなるのだ、と。

それに対して人事・採用担当者はどんなふうに応答するでしょうか。ニーズに合った人を見つけようと考えるかもしれませんし、「そういう人材はすでに市場価値が高くて、給与が高すぎるので無理だ。一から現場で育成してくれ」と言われるかもしれません。人事には人事のニーズがあるからです。それでも、これまでよりはマシでしょう。**自分なりに自分のニーズを理解し、伝えようとしているからです。**

ただし、言葉選びには気をつける必要があります。例えば「無能な人材ばっかり連れてきて、うちの人事は本当に役に立たないな。現場を知らないんだよ」などと言ってみれば、その瞬間から人事は敵に回るでしょう。

なぜかといえば、この言葉には人事のニーズを知ろうとする姿勢、相手がなにを大切にしているのか、どんなことに困っているのか、なにを感じているのかといったことへの想像力が徹底的に欠けているからです。

自分のニーズしかわからないがために、他者をケアできず、結果として相手からも「こいつのニーズなんて知ったことではない」と思わせるためにぴったりのコミュニケーションです。自分のニーズしか見えなくなってしまい、相手のニーズ、相手の考えていること、相手が大切にしていることは無視する。それも皆で無視し合う。こうしてケアが欠如した「怖い職場」は作られていきます。

このような状況を変え、互いのニーズを知って共有しやすい状況を作っていく必要があるのです。とりわけ、**組織においては部下よりもマネージャーに、ケアすることや、ケアを可能とする環境作りに対して、重い責任があるのです。その責任を果たすマネージャーをケアリング・マネージャーと呼ぶことにします。**

では、一体どんな時にニーズを共有したいと思えるのでしょうか？　攻撃的な形ではなく、互いのことを気遣う形で、ニーズを共有する方法を考えます。

ケアされると、ケアできる

恐れずに自分のニーズを伝えてみよう、あるいは、相手のニーズをよく聴いて知ろう、と考えるために必要不可欠なのが、「ニーズが適切にケアされる」経験です。と言うと鶏が先か卵が先か、みたいな話ですが、自分のニーズを自覚して他者にケアを依頼しても、それがケアされない状態が何度も続けば、人は自分のニーズを知ろうとすることも依頼することもしなくなってしまいます。無駄だからです。

具体的な状況を想像してみましょう。

例えばチームのメンバーがマネージャーに「月に1度でいいので、1on1で30分でも、キャリアのことを相談したい。お時間いただけませんか?」と伝え、マネージャーは「わかった」と言いつつ、そのための時間を取らないケース。「すまん、忙しくなったからまた改めて設定しよう」「キャリアの話より、今はこの案件について話してもいいか?」なんてことが続いていれば、いずれメンバーはマネージャーに依頼をすることをやめるでしょう。もしかしたら転職意向が強まって、そのまま退職してしまうかもしれません。あるいは愚痴ばかり言うようになり、仕事へのやる気もなくなり、迷惑社員のような形になってしまうかもしれません。

逆にここで、マネージャーがメンバーとの約束を守って、そのニーズを受け止めてケアしていたら、このメンバーは、きっと次に悩むことがあってもマネージャーを頼るでしょうし、チーム全体にも「恐れずに伝えてもいいんだ」という雰囲気ができるでしょう。

大事なことは、依頼に応じることを通して、ケアし合える信頼関係を作っていくということです。

ニーズに応じるというのは、その全てを完全に満たすということではありません。誰も、誰かのニーズを全て満たすことはできません。それは不可能なことです。しかし「どういうことを大切に思っているのか、今どんなニーズを抱えているのか」を誠実に知ろうとしてくれて、できる範囲で取り組める内容について、あれこれ相談したりアイデアを出したりしている時、人は大切にされていると実感することができます。

ニーズが完全に満たされ、不満が全くない状況などありえません。しかし、その不満について誰かと共有できたり「では、どんなふうにしていこうか」と考えていくことができる関係があれば、人は安心して生きていけるのです。**その安心とは、決して「永遠に持続する普遍的な安心」ではなく、「なにかがあった時には相談することがで**

きて、全てうまくいくわけではなくとも、「一緒に考えてくれる人がいる」という類の、動的な安心です。

ところで、働いていると自分のニーズが全く無視されていることばかりだと感じることもあるかもしれません。しかし実際には、働くにあたって多くのケアがすでになされています。オフィスのデスクひとつ取ってみても、電話回線ひとつ取ってみても、それがなければ仕事が成り立たないようなたくさんのケアに支えられて人は働いています。働いて報酬を得て生活する、それだけの営みの背景には、実に多くのニーズを満たすケアが用意されている必要があるのです。

そんなふうに、すでにあるケアに気付けない例を、前に紹介しました。妻に家庭を支えてもらうことでニーズを満たされているのに、自分のニーズの存在を認めていない夫はケアされている実感が持てず、ゆえに感謝をすることができないばかりか、自分ばかり頑張っている、自分だけが依存されていると考えていた例です。そしていざ離婚となった時、仕事を続けられないほどに苦しんだ、というエピソードでした。

私たちは、**自分が持っているニーズを自覚すると同時に、そのニーズを自分一人で**

は満たせないことに気付きます。その気付きを通じて、他者からのケアを実感し、感謝することができるのです。そして今度は他者のニーズをケアしたいと考え始められるのです。

実はスタートアップやベンチャーでは、後から入ってくるメンバーがすでにあるケアに気付けず、過剰に「要求的」に見えてしまうことがあります。「あれも足りない、これも足りない」「こんなことでは仕事ができない」などと言われますが、立ち上げメンバーからすると、「最初はゼロからスタートだったのに」「当初に比べれば様々な仕組みやリソースを確保しているのに、感謝もないなんて……」と落ち込んだり、腹を立てたりしてしまうのです。

まさに目の前にあるものは同じであっても、全く違う形で解釈され、異なる現象として体験されているような状況の時、人は傷つきます。そんな時、それぞれの世界の見え方やニーズを共有し合いながら、一緒に生きていけるような解釈をどう作っていけるかが肝になります。このプロセスを共同解釈と呼びます。

加害の正体は、共同解釈の失敗とケアの欠如

ニーズをケアしたつもりが、うまくいかないという場面はよくあります。これこそが加害的なコミュニケーションの本質と言えるかもしれません。

多くの場合、加害者は、「相手を傷つけてやろう」と思っていません。むしろ、相手のニーズを想像してケアした結果、傷つけてしまうことがあり、その時に相手の傷つきや本当のニーズに向き合おうとしない時に、より本質的な意味での加害がおきてしまうのです。

第1章に挙げた事例では、メンバーを褒めるタイプのマネージャーCさんがいました。彼の場合は「人は褒められたら頑張れるはずだ」と考えていました。しっかりと褒めたら、皆やる気が出てくるだろうと。

でも、思い出してみてください。褒めるという行為で実際に満たしていたのは、誰

のニーズでしょうか？　**Dさん**は褒められたがっていたでしょうか？　きっと違います。褒めることで、**Cさん**は**Cさん**の「有能な人と仕事をしたい（依頼主の意向を予想できないような無能とは働きたくない）」というニーズを伝えて、ケアを（間違った形で）依頼していたにすぎないのです。そのニーズに応じようとするために、結果として**Dさん**は**Cさん**に途中報告ができず、**Cさん**を失望させ、ニーズを満たすことができなかったのです。

果たして、**Dさん**のニーズはなんだったのでしょうか。**Dさん**はむしろ、自分がどんな能力があるのかを知ってもらい、それを支援し、伸ばしてもらうようなコミュニケーションを期待していたのかもしれません。

褒めるという行為は、実は「自分のニーズを相手に伝える機能」があるということに気付く必要があります。相手のニーズは関係なく、褒める側が「私の期待するあなたでいてくれてありがとう」と言っているのです。

つまり、この事例には２つの問題があるのです。１つは、マネージャーが自分のニーズだということを自覚せずに、まるで相手のためを思って褒めているという点です。

そしてもう1つは自分の行為が相手にとってケアではないとわかったタイミングで、それを改められなかったという点です。相手の合理性を想像することが可能であったら、「どうしてもっと早く聞かなかったんだ?」なんて言うはずもなく、もしかしたら違うコミュニケーションが取れていたかもしれないのです。

「自分としてはこうしてほしいけど、してくれない」という時に「ごめんな、どうして共有してくれなかったか教えてくれないか?」と聞くことができれば、相手の本当のニーズを知り、「そうか、自分はてっきり褒めることで成長させられると思ったけど、違ったのかもしれない」と思うことができるはずなのです。

そして、相手が望んでいると想像していたことは、結局自分のニーズだったのだと思い直すことができるかもしれません。それは自分と出会い直すことであり、新しい自分に変わっていくことです。

これこそが、ケアリング・ワークプレイスに必要な「間違っていたら学び直す」というプロセスです。これができれば、どんな場面でも「怖くない職場」へと向かっていくことができます。

ニーズが変わっていることに気付かず、共同解釈を更新できないまま「良かれと思って」行われるマネジメントがたくさんあります。

ある職場では「自分は成果報酬的な働き方が好きだから、皆もそのほうがいいだろう。成果報酬であれば客観的な評価基準が設定できるし、報酬の計算もシンプル。変に属人的な評価をしないほうがフェアに感じるはずだ」と考えて制度設計をした結果、新卒で入社した社員から不満が出てきたといいます。

この会社は元々キャリア採用が多く、実力と経験を備えた成果報酬と相性の良い社員が大半を占めていました。当然、自分の成果や報酬に直接繋がらない社員教育にまで自分のリソースを割く社員は少数ですが、個々の能力が高いので問題になりませんでした。ところがその後、会社が成長して新卒採用を始めると、実力やスキルを持たない社員が増えて、問題になったのです。新人にしてみれば、ほとんど教育を受けられないのに成果で評価する、と言われても納得がいきません。

状況や関わる人、そして同じ人であってもライフイベントなどの経過によって価値観やニーズは変わっていくものですから、常にニーズを知ろうとし、それをケアしようとし、間違っていたら学び直すプロセスが絶対に必要になるのです。

「間違いを認めて学び直す」プロセスは、自分が良かれと思ってやっていたこと、当然・普通だと思ってやっていたことが、「必ずしも適切ではなかった」と認めるプロセスを伴っています。それは自分の常識を疑って壊すことであり、人によっては「相手に合わせてあげること（あげる、という言葉には上から目線が含まれていることに注意）」「相手より下の立場になること」「恥ずかしいこと」といった感覚を持つ人もいます。このプロセスがとても難しいと感じる人もたくさんいるのです。「間違いを認める」という心理的な負荷を考えてみると、メタ的で上位の概念としてのケアの難しさがはっきりします。

ケアを持続可能にする組織の責任

これほど言うは易し、行うは難しといったこともないでしょう。つまり、ニーズを知ろうとすることも、それを適切に依頼することも、それに応じてケアすることも、間違っていたら学び直すことも、その全てにはリソースが必要だということです。

確かに、自分のニーズを理解することは大切です。就職・転職活動などでよく言われる自己分析はその典型でしょう。皆さんも一度はやったことがあるかもしれません。価値観に関する様々な質問を読んで、自分の価値観に触れるものを選択、回答すると、自分は××タイプと言った形で分類され、自己理解を手助けしてくれるサービスやツールがたくさんあります。

ニーズを知るために、各人が行う自己分析は重要ですが、組織として本格的にやろうとすると大変な労力がかかります。チームのメンバーが多くなるほど、そのコストは大きくなっていきます。知るだけではなく、共有する時間も必要となると、さらに大変です。

そのため、ふつう個人のニーズは、「依頼」を通して知ることが多いものです。「これに困っているから、こういうことをしてほしい」、といった形で依頼されることで、ニーズに出合います。

この「依頼」というのが曲者です。なぜなら、**依頼の前には必ず満たされていないニーズがあり、その傷つきが攻撃的な形で出てしまうことがあるからです。**ニーズを伝えようとする人は、たいてい腹が立っていたり、被害者意識があったり、余裕がなくてイライラした状態なのです。

実際、本書で紹介した職場のコミュニケーションの例のほとんどが、「ケアの依頼」に失敗した例と言っても過言ではないでしょう。

例えば「どうしてこんなこともできないの？」という言動の裏に隠れたニーズはなんでしょうか。それは「仕事を期日までに、十分なクオリティでやってほしかったけれど、やってもらえなくて困った」というニーズです。冷静に考えれば、このニーズは本人に伝えることでケアされるとも限りません。もしかしたら業務の進捗を途中で確認しなかった自分の落ち度かもしれませんし、そんな余裕がないほどチームを追い込んでいる無理なノルマが原因かもしれません。能力不足な人をキャリア採用で引っ張ってきてしまった人事の問題もあるかもしれません。

そのどれであったとしても「どうしてこんなこともできないの?」という相手を責める言葉が、本質的には自分のニーズをケアする依頼にはなっていないということがわかるはずです。しかし、追い込まれている時ほど、そんなふうにシステムの問題を考える余裕はなくなり、さらには言葉を選ぶ余裕もなくなり、目の前の人を責めて無能感や罪悪感を与える形での言動をしてしまうのです。

そんなわけで、職場で、**互いのニーズを知って適切にケアする行為は、時間的・心理的なリソースの余裕がないと相当難しいと言わざるをえません。**

よく、仕事でもスポーツでも、限界ギリギリに設定されたノルマや目標を達成することが、良いことだとされます。結果的に成果が上がった現場が、そんな状況だったということもよく見聞きします。しかし、もしチームの誰かが途中で病気をしていたら達成できないノルマだったとしたら。チームの誰かの家族が怪我をしたり、入院することになったら達成できないノルマだったとしたら、どうでしょうか。

冗長性や余裕のない組織においては、弱ること、困った状態になることばかりか、それを吐露することすら、許されないことがあります。「今これに困っている」と相談したり弱音を吐くことができない状態で、そのために無理をして、倒れてしまう人がたくさんいます。相談することも休むこともできず、突然体が動かなくなってしまう人がたくさんいるのです。また吐露できたとしても、弱音を吐いたことで責められたり、なじられたり、罪悪感を与えられたり、傷つけられたことで萎縮して、二度とニーズを共有できなくなってしまう人がたくさんいます。

　そうして結果的に職場は、自分の意見を言わなくなってしまう人たち、新しい人が来てもどうせ辞めてしまうからと考えて教育すらおざなりになってしまう人たち、そこにはいられなくなって退職してしまう人たちばかりになっていくのです。**過度なノルマが課せられ、かつ上下関係が強い職場でハラスメントがたくさん起きるというのは、このような背景があるからです。**業務量の調整や、仕組み化などもケアリング・マネージャーの重要な役割となります。

　どうしたら、より良い形で互いのニーズを共有し、ケアを与え合えるのかを考えることは、とても難しいことです。そもそも人によってはその必要性を感じずに生きてきた人も少なくないでしょう。一方で、ニーズを知り、ケアをする習慣が自然と身に付いていて、日々行っている人もいます。あなたの職場には、こまごまとしたことによく気が付いて働き、その場を和やかにする人がいませんか？

しかし、実はここでとても大切なことがあります。**組織の中のごく一部の人だけが、ニーズを知り、ケアするようなコミュニケーションを取っても、決して持続可能な形にはならない**ということです。

まずわかりやすいのは、その本人が燃え尽き症候群になってしまうような事例です。優しくて気遣いもできるタイプの人が、それゆえに頑張りすぎてしまったり、ケアを引き受けすぎてしまったり、さらに無理解なマネージャーグループによって負担を一身に背負わされて、心が折れてしまうこともあるのです。

実は、今「怖い職場」を作る人の中には、過去にこういう挫折を経験した人が少なくありません。より良く他者と関わろうと頑張っていたからこそ、それがうまくいかなかった時に「やっぱり仕事は甘くない」「ビジネスというのは厳しいものなんだ」「頑張ってもバカを見るだけ」と思ってしまったり、頑張りすぎないようにした結果として、他者のニーズを無視して非協力的に見えたりすることもよくあるのです。

また、個人がケアに長けている事例があったとしても「あの人はああいう人だから」という形で組織全体として取り入れないことによって、持続性が失われる場合もあります。例えばその人が部署異動をしたり、退職してしまった場合には、すぐにケアの文化が失われてしまいます。

持続可能なケアの文化を築くには、属人性から離れた方法が必要になります。例えば、あるマネージャーが個人の裁量の中で「1on1で丁寧にコミュニケーションを取る時間」を取って、それがうまく機能していたのなら、会社全体で運用するのです。

こうすればやる気のある人だけが部下をケアするのではなくて、会社全体として、部下と人間的な関わりを持って仕事をしていく素地が生まれるでしょう。

もちろん、内実も重要です。単に「1on1をするように」と伝えても、多くのマネージャーは面倒だと思うか、形式的に時間を取って実質的には取り組まない可能性があります。1人に対して30分でも、2人なら1時間。月に複数回、ただ漫然とやれば、時間の無駄遣いになりかねません。ルールを組織全体に適用する際には、必ず具体的に、なんのためにどんなことをやるのか、その良し悪しをどんなふうに評価するのか、考える必要があります。

要するに、ケアの文化を組織として体系化することは、大変なのです。個人の技量や力量に任せておくほうが組織としてラクだし、特定の個人が職務を超えて頑張ってくれるのは、会社にとって利得ですらあります。しかし、それは決して長続きはせず、中長期的には失われてしまうものです。

ちなみに「ダークトライアド」の属性の中でも、特に「マキャベリアン」タイプの人がやりがちな懲罰などの恐怖で支配するマネジメントでは、チームの生産性は一時的に上がっても、中長期的には下がると言われています。これは結局「怖い職場からは人がいなくなる」ことのパラフレーズと言えるかもしれません。つまり人がいなくなってしまうからこそ、中長期的な組織作りを検討することができず、それゆえに中長期的に見れば優れたケアのマネジメントより、短期的に見て効果のある懲罰ベースのマネジメントが好まれてしまう、というような……。

ですから、組織を変えるというのは大きな意思決定であり、胆力が必要だということでもあります。

良いコミュニケーションや実践を、会社の制度やルールに落としていくという作業はとても重要です。そうすることで「マネージャーの当たり外れ」が減り、より多くのチームの仕事効率や生産性の向上に繋がります。またマネージャーにとっても、組織的に制度としてリソースが確保されていれば、様々な施策がやりやすくなるはずです。

産休・育休などはまさに好例でしょう。労働基準法や育児・介護休業法によって法律で手当金や給付金の仕組みが整えられていることに加えて、会社が職場に人手が不足しないような人事施策・マネジメント施策を整えるからこそ、安心して制度が利用でき、機能するのです。これを一人の個人的なケアリング・マネージャーが再現することは不可能です。個人としてどんなにケアを試みても、組織としての制度や文化の力は極めて大きく、それ次第で個人のケアをしようとする力は発揮されることも阻害されることもあります。踏み込んでいうなら、そのケアリング・マネージャーより上位のマネージャーがそれを支援する責任を持っています。

会社とは「持続可能な形で、会社、社員ならびに顧客、そして社会のニーズを、所属する各人や会社自体が持つ美徳を発揮してケアする」組織なのだと捉え直すことによって、多くの施策やコミュニケーションを抜本的に見直すことができるでしょう。私の考える美徳とは「自他共に持続可能な形でケアし合える関係を作る」ために役に立つ能力や技術や性質です。

個人の「資料作成が早い」という能力は美徳ではありません。なぜならその能力を、他者を馬鹿にしたり、自分が優れていることの証明として用いるような人もいるからです。それは自他共に持続可能な形でのケアには繋がりません。

会社の美徳とは、その会社が持つ独自の技術や、得意とする技術、ものの考え方です。それゆえ、この世界には様々な会社が必要です。世の中には様々なニーズがあり、それを1つの企業が全てケアすることはできないからです。

ケアの範囲には限界があっていい

ここまで書いてこなかったことがあります。それが、ケアの「範囲」です。ニーズを共有し合う関係、ケアし合う関係には範囲があります。

この世界の誰も、全ての人のニーズを満たすことは決してできないということです。私は神の存在を信じていませんが、そのような役割ができるとしたら神だけ、人に不可能なことは間違いありません。人は不完全で、人生が不条理である限り、どうしても限界はあります。だからこそ、**誰のニーズまでは守って、誰のニーズまではケアしきれない、という限度を考え続ける必要があります。**

株主のニーズ、経営陣のニーズ、正社員のニーズ、非正規社員のニーズ、顧客のニーズ、地域社会のニーズなど、組織に関わる人はたくさんいます。それぞれのニーズをできる範囲でわかろうとし、できる範囲でケアするために、その範囲を決めなければなりません。

「範囲」というのはつまり、チームや組織が考える『私たち』とは誰か」という問いに対する応答です。「私たち」の中に誰を含めるのか、誰を含めないのか？「私たち」の範囲から排除された人は、それを敏感に察します。（ああ、今私は軽んじられたな）（ニーズを知ってケアしようとする対象じゃないと思われたな）と感じるのです。すると、排除された人は口をつぐんでニーズを言わなくなるか、攻撃的になって他者のニーズを無視するか、組織から抜けてしまうことになるでしょう。会社にがっかりして退職するケースなどはまさにこれに当たります。

ですから、「私たちとは誰か」「誰が参加しているのか」を決めることは、極めて重要なのです。互いにケアを約束する関係性に、誰がどの程度、どの範囲で参加するか？人によってグラデーションがあり、全員が同じだけコミットできるものではありません。「私たちとは誰か」という範囲についての対話に「参加」できること自体が、ケアする職場にはとても大切なのです。

またさらに強調したいのは、「関係は終了しても良い」ということです。

会社組織は、究極的には合意に基づく契約によって成立しています。誰も、無理やり会社に入れられるわけではないし、無理やり引き止められることもできません。辞めたいと思ったら、辞められます。

もちろん、その日その日の生活費を稼がなくてはならない人は、雇い主の言うことを聞くしかないし、貯金もままならないほど薄給なら、失職するのは恐ろしいことです。多くの場合は、会社のほうがより強い権力を持って関わることができるでしょう。

よくベンチャーの経営者が「来るもの拒まず、去るもの追わずがうちの社風です」とまるで寛容な文化を持つ会社のような口ぶりでいうのを聞きますが、これは詭弁だと思います。いいところばかりを伝えて価値を誤認させて入社させておきながら、いざ入ってきた人がニーズを共有すると、寛容に耳を傾ける姿勢など微塵もなく「ならば出ていけ」ということがよくあるのです。

まず、不満に対して誠実に応答しない点で、「間違っていたら学び直そうとすること」に著しく違反しています。去るもの追わずと言えば綺麗に聞こえますが、実質的に行われているのは「ニーズの無視」にほかなりません。人を大事にせず、自分のニーズだけを満たすために他者に関わろうとする行為は、まさしく加害です。悪意がなかったとしても、それは搾取だと言えるでしょう。

　また「ニーズを適切な形で伝えること」もされていません。採用広報ではありがちなことですが、自分たちの会社がどんな文化を持っているのか、どんなニーズを持っているのか、なにを大切にしているのかということを、過度に良いものとして表現してはいけないのです。むしろ組織がなにを大事にしているのか、どんな貢献をしてもらいたいのか、逆に組織はどんなニーズを持っている人になにを提供できるのか、はっきりと伝えていくことが必要です。そうでなければ、いいことばかりを聞いて、「同じような価値観を大切にできる」と信じて入社した人は混乱します。しかも、自分のニーズを伝えたところ「去るもの追わず」と言われたら……。ひどい詐欺だと思うはずです。

　それを防ぐためには、ここまで考えてきたことを全て、組織でも問い直すことです。例えば「自他のニーズを知ろうとする」時、「自」というのを個人ではなくてチーム・会社という単位で考えること。他の全ての項目も同様です。

CHAPTER 3

APPLICATION

応用：

ケアリング・ワークプレイスは綺麗事ではない

第2章では、やや抽象的な理論を記述してきました。人間存在とはなにかということから、ケアやニーズについて理解を深めました。

とはいえ、職場の具体的な場面に当てはめて想像するのは難しいでしょう。そこで、第3章では個人と組織を4つのレベルで捉え、それぞれにおいてケアが欠如した考え方と、ケアをベースとした考え方で比較することを通して、具体策を示します。

4つのレベルとは「言動」「判断」「価値観」「根源信念」です。これらが個人と組織の両方において、ケアを前提とす

ケアリング・ワークプレイスを作る4段階

個人		組織
ためらいながら、ニーズをケアする	言動	制度や仕組みを提案する
問題をシステム思考で捉え直す	判断	幅広いニーズを把握して支持を得る
正誤、優劣に価値を見出さない	価値観	多様な評価・報酬制度とキャリアパスを作る
人を測る尺度はないと知る	根源信念	利益の追求を唯一のゴールにしない

るものに変わることが、ケアリング・ワークプレイスを作るということです。

レベル1

まずは「言動」にさえ気をつければいい

私たちの体の外に表出する全てが言動と捉えれば、最も効果的で最初に変えることができるのが「言動」です。逆に「どんなことを考えて」言動するかは、二の次でいい。なぜなら、**頭の中や心の中でどんなことを考えているのかなんて、他人にはわからないからです。**

個人のレベル

ケアを身に付けると、言動にためらいが生まれる

言動は、最もわかりやすいものでしょう。

例えば、「どうしてこんなこともできないの？」という一言や、相手のニーズを無視して放っておく態度、冷たくため息をついたり、うんざりした表情を示すことの全てが、ケアが欠如した言動でした。

「言動」と言うとどうしても、なにを言うか、なにをするかに注意を払いたくなりますが、ここで注意が必要なのは、**言うこと、することと同じくらい、言わないこと、しないことも重要だということです。**例えば、相手が集中して仕事をしている時に「声をかけない」という形で、ケアすることも可能です。その人は集中するまでに時間がかかり、一度集中が切れるとしばらく集中できない人かもしれません。相手のニーズを事前に知ることもまた、ケアに含まれます。自分が想像もしていなかったようなニーズを知ることで、これまで気遣えていなかったことに気付くこともあるでしょう。どのように言動することがケアに繋がるのか、それを細やかに知ろうとすることも含めてが、「言動」なのです。

ところで、よく「なんでもかんでもハラスメントと言われてしまっては、なにも言えなくなってしまう」という言説を耳にすることがありますが、そう感じること自体は自然なことです。周囲の人がどんなニーズを持っているのかわからなければ、どんな言動で傷つけてしまうのか、逆にどんな言動をすれば良いのかもわからないからです。

大切なことは、ニーズを知ろうとすることです。相手がどんなニーズを持っているか、「ハラスメント」という言葉を使うことでなにを表現したいのか、と想像してみるのです。

また、「なにも言えなくなってしまう」と口にする人自身のニーズを想像してみるのも良いでしょう。それはもしかしたら「責められるのが怖い」とか「自分の思ったように話したい」「怒られたくない」といった気持ちかもしれません。実は怒っていたり人を責めたいというよりは、むしろ怒られたり責められたりするのが怖い、という気持ちを持っているのかもしれないのです。もし、そんなニーズに気付けたら、きっと周囲に伝える言葉も変わってくるでしょう。「どんなことがハラスメントと感じるのか教えてほしい。あなたを気遣うために」と。それは「なにも言えなくなっちゃうよ」という、拗《す》ねたようなコミュニケーションとは全く違った言動です。

このように考え始めると、「言動」が窮屈に感じたり、面倒に思える人もいるかもしれません。これまでなにも考えずに言えていたこと、やっていたことが、もしかしたら人を傷つけるのかもしれないと想像することで、遠慮がちになったり、ならばいっそ関係性の範囲を減らしたほうがいいと感じることもあるでしょう。

実際、**ケアのコミュニケーションを身に付けようとすると、多くの人が変化を感じることがあります。それは、「言動」にためらいが生まれ、これまでよりも話すことがうまくできなくなったり、言葉選びに悩むために反応が遅れてしまったりすることです。**以前はもっと当意即妙に受け応えして発言していたし、そういう自分が「頭がいい」とか、「回転が速い」とか、「能力が高い」と思っていたけれど、ケアを学んで他者のニーズを知ろうとし、気遣おうとすればするほど、考えることが多くて、反射的に言動できなくなってしまうと言うのです。

でも、それでいいのです。私は、ケアとはためらいだと思っています。「本当にこの言葉を選んでいいんだろうか」「相手はどんなふうに受け取るだろうか」「自分の思い込みや勝手な正しさを押し付けようとしていないだろうか」「自分は今何を伝えようとしていて、それは誰のニーズに基づいているんだろうか」、そんなふうに考えることが大切なのです。

また、そんなふうに自問するほど、自分が出した結論が間違っているかもしれない、と疑うことができます。そうすれば相手が傷ついたり、ショックを受けたりした時に、自分がニーズを掴《つか》み損ねたと気付けたり、ケアの仕方を間違えたと気付くことができます。

逆にためらいなく「言動」を選ぶ人、「言動」に揺るぎない自信がある人は、想定外の相手の反応にむしろ自分がショックを受け、傷つけられたとすら感じてしまいます。これがよくある「良かれと思ってやったのに」「感謝されたいくらいなのに」といった言動に繋がっていくのです。

組織のレベル

「ケア」の文化は制度や仕組みに表れる

組織の観点から見ると、「言動」は制度や仕組みの形で表れてきます。オフィスのレイアウトなどの物理的な状況もそれに当たります。

例えば、育休・産休制度がなかったり、あったとしても実質的には誰も使っていなかったとしたら、それは、子どもを産んだり、育児に参加したいといったニーズをケアしないということを意味しています。その会社にいると、子育てに関心のある人たちは、自分が軽んじられているように感じるでしょう。「新入社員を大切にしよう」と口でどんなに言っていても、もしオンボーディングの仕組みが整っておらず、新入社員がいきなり現場に投入されるような状況であれば、やはりケアされていると思える新入社員は多くないでしょう。**組織にケアを重視する文化があるかどうかは、必ず目に見える形で表れてきます。**

一方で、マネージャーや経営者は、社員から不満を聞くことも多く、精神的に疲弊することも少なくありません。手厚くしているつもりなのに、どうしてわかってくれないんだと思ってしまう時は黄色信号です。わかってほしい、というのは自分のニーズだからです。もしも一人ではできないことを他者の力を借りて叶えたいと願うなら、まず他者のニーズを知ることが重要であり、そのニーズがケアされたという実感を相手が持つことで初めて、ケアリング・ワークプレイスを作っていけるからです。

実際、ケアとは一連のプロセスです。すなわち、関心を向けること（caring about）、配慮すること（caring for）、ケアを提供すること（care giving）、ケアを受け取ること（care receiving）の４つの位相があると考える人もいます[13]。

受け取られるところまでやって、初めてケアとして成立するのです。多様な社員のニーズを理解しようとし、ケアを前提にした制度や仕組みを、組織が率先して提案することが必要です。

レベル２

「判断」が多角的にできているか

「言動」は「判断」によって決まります。「言動」のようには表立って表れませんから、「判断」の方法が変わっても、すぐにコミュニケーションが改善するかはわかりません。しかし、なにをするか、しないか、なにを言うか、言わないか、その選択を大きく左右するものです。そしてもし、「判断」のレベルでケア的な思考法を身に付けられたら、「言動」を変えるのは、さほど難しく感じられないはずです。「言動」ほど表層的な問題ではない分、人によっては変容が難しく感じられるはずです。

個人のレベル

「システム思考」で問題を捉え直す

例えば「何度同じことを伝えても、同じミスを繰り返す人」に、あなたがどんなことを感じ、考え、判断するのかを想像してみてください。

ある人は「どうしてこんなにやる気がないんだろう、話にならない。自分をバカにしているんだろうか。許せない、舐めるなよ」と考えます。もしこのような判断に基づいて、「言動」がされれば、それは「怖い職場」を作る言葉になって表れるでしょう。感情が昂って大声を出したり、机を殴ったりする行動となって表れるかもしれません。

またある人は「なぜ何度もミスを繰り返すんだろう？　もしかしてフォーマットが

わかりづらかったり、やり方を誤解しているのではないだろうか?」と考えます。その場合、表れる言葉や行動は、全く違ってくるはずです。**明確な違いは、個人の問題というだけではなく、仕事の方法や仕組み、制度・文化といった領域にまで頭を働かせていることです。**また「自分自身は、この現象に、どのように関わっているのだろうか」と、自身も理解の中に組み込もうとします。自分の依頼の仕方がもっと良くできるのではないか。自分はその資料を良くする責任を持っているのではないか。自分がメンターやアドバイザーをその人に付けたら良かったのではないか、というふうに。目の前に起きている現象に対して、より総合的で、全体的な判断を下しているのです。

前者的な判断は「問題を相手に帰属」させているのに対し、後者は、問題をもっと高次元の「現象」として捉え、その現象がなぜどのように起きているのかについて、個人(自分を含む!)だけでなく制度や文化や物(資料)などに至るまで考えを巡らせているのです。

どちらが人を生きやすくし、どちらが人を生きづらくするかは一目瞭然です。このように自らもおきている現象の中に含んだ上で、その現象の変化を構造的に理解しようとする考え方を「システム思考」と呼ぶ人もいます。これは1つの能力、スキルであり、鍛えることができます。

組織のレベル　トップダウンの「判断」は危うい

組織における「判断」とは、ある状況をどのように解釈するか、評価するか、です。例えば、離職率が高まっている組織は、その状況を「大変な事態で、解決を図るべきだ」と解釈することも、「これは組織変革に伴う不可避の現象であり、狼狽《うろた》える必要はない」と解釈することもできます。

大事なことは、個人のレベルとは別に組織のレベルでも状況を判断し、現状の組織が目指す方向と合致しているか否かの解釈を持つということです。もちろん、その解釈は組織の多数のメンバーから支持されてこそ、成り立ちます。経営者一人が「辞めたい人は辞めたらいい、なんの問題もない」と考え、リーダー層やメンバーは「危機的な状況」と考える時、経営者の判断は支持されていませんから、そのまま制度設計をしたところで、運用はかなり難しくなるでしょう。

万に一つ、経営者がカリスマ性を発揮してうまく運用できる可能性は否定しません。ただ、多くの社員のニーズを無視した制度設計のプロセスに、落胆する人が必ず生まれます。

経営者や経営に近いマネジメント層の人は、判断の背景に「トップの自分が一番よくわかっている」「責任は自分が取るのだから、自分のやりたいようにやってなにが悪い」といった考えが潜んでいないか、注意を払う必要があります。

ケアをベースとしない組織では、往々にして、組織の判断に特定の人のニーズだけが強く反映され、多数の社員のニーズが反映されません。当然、個人全員のニーズを満たしてケアすることは不可能ですが、それでも、個々人の「判断」と大きなズレが生じないよう、ニーズを聞くことが大切です。「ニーズを知ろうとしてくれた」という経験が、個人が組織の「判断」を受け入れ、協同する土壌になっていくからです。

納得感やケアされている感覚のために、このプロセスは極めて重要です。

レベル3

2つの「価値観」を問うてみると

人の「判断」を支えるのが、「価値観」です。

いよいよ「言動」や「判断」といったレベルよりも、人の根本的な部分に踏み込んでいる感じがします。人によっては「そこまで介入するのはやりすぎではないか。人によって違って良いのではないか」と思うはずです。

安心してほしいのは、ケアリング・ワークプレイスを作るためだけなら、必ずしも個人の「価値観」の変容を促さなくても良い場合がほとんどだということです。なにを正しいと考え、なにを幸福とするかといった「価値観」はおいておいても、「言動」や「判断」を変えるだけで、ケアリング・ワークプレイスは作れます。しかしそれでもなお「価値観」について書くのは、私は、この価値観を持つことができたら、より自然に無理のない形で、個人や組織がケアを行えると信じているからです。

ここに挙げる価値観が、他の多様な価値観と比べて正しいと言っているわけではありません。ただ、私自身はこんな価値観を持つ人が多い社会を豊かだと感じています。

個人のレベル　「正しさ」と「幸せ」の価値観がケアを自然発生させる

ケアを前提としたコミュニケーションができるようになるために必要な価値観は、２つあります。それは「真理」と「幸福」に関するものです。なにを正しさとするのか、なにを幸せとするのか。

「怖い職場」を作るような人は「べき・当たり前・当然・普通」といった言葉をよく使います。それは「真理」が１つであり、それだけが正しく、他は間違っている、というふうに世界を二分する考え方です。

「正しい」か「間違っている」かしかありませんから、世界の意味はシンプルです。全ては議論の結果、白黒がつくと考えています。どちらかの意見のほうがより優れているから、優れているほうを選ぶべきだと考えます。競技ディベートの例と同様、実際にはそんなにわかりやすく「優れている」意見などありません。優れているかどうかを測定するための基準が、そもそも人によって異なり、その基準の最終的な基盤は、個々のユニークな感覚だからです。そうすると、結局のところ「優れている」と感じるのは、それが「自分にとって」より納得のいくものにすぎないのです。

話し合いの時に、最初から持っていきたい結論があり、それに向かう意見は尊重し、そうじゃない意見は軽んじたり疎《うと》んじたりする人がいませんか？　本人は論理的だとか客観的だと思っているケースもよくありますが、実際には自分のニーズを満たすための儀式で、それは本当のところ、話し合いではありません。自分の意見を押し付けることを目指すなら、あとは権力の戦いにすぎません。

本当は自分のニーズを満たすような判断を優先しているにもかかわらず、「議論した結果、これが良いということに皆で合意した」と認識しているような人に従わなければならないとしたら大変です。実際には他者のニーズを無視したり軽んじたりしている上に、自分のニーズを尊重してもらったという感謝もなく、自分は正しく良いことをしたと信じ込んでいる人と働くことは、苦痛でしょう。

仕事のやり方でも、自分にとって正しいやり方を人に押し付けてしまう人がいます。「自分はこうやってできるようになったからあなたもやるべきだ」とか「そうしないなんてあの人はやる気がないんだ」と思ってしまうのです。

例えば情報共有の例をひとつとってみても、メールがいいのか、電話がいいのか、「正しい」答えはありません。人の認知には様々な癖があり、例えば視覚優位の人は書面で読むほうが得意ですが、聴覚優位の人であれば耳で聞くほうが得意です。電話口で話を聞きながらメモを取るのが得意な人もいれば、むしろメールで要点をまとめて伝えられたほうがわかりやすい人もいます。万人に当てはまる「正しい」やり方はありません。あるのは「相性の良い」やり方です。

実はこういう**「何か1つ正しいやり方があるのではなく、状況や相性が大事なのだ」という考え方は、コンティンジェンシー理論といってリーダーシップやマネジメントの研究でも大切にされています。**わかりやすい例を挙げればアップル創業者であるスティーブ・ジョブズのワンマン的なリーダーシップは、革命的なアイデアを世に放つには良いのかもしれませんが、丁寧に品質管理を行って確実に仕事を仕上げるような組織には向いていないでしょう。マザー・テレサが行ったような偉業を達成することにも、向いていないはずです。

その人がどんなチームの中でどう役割分担をしているか、どんな業務内容をしているかといった条件を丁寧に見ていくことで、場面・状況に応じた解を見つけるということです。

正しいか間違っているか、白か黒かと考えてしまいそうな時に、「状況や文脈の違い」に眼を向けることで、多様な人が共に活躍しやすい職場を作ることができます。

裏を返せば**「この世界には正しいことがあり、それに従うべきである」という価値観は、容易に人の考え方や感覚を否定する方向に働いてしまいます。**ハラスメントのあり方が「上位下達」の組織文化や「異なる存在を否定し、1つの価値観で支配しようとする」ような価値観と明らかに親和性が高いことがわかるでしょう。

続いて「幸福」観です。あなたは、どんなことを幸福だと感じるでしょうか。他者と比べて給料が高いことは、幸福ですか？　昇進して役職を与えられることは、どうでしょうか？　**誰かと比較して上位であることを良しと感じるような価値観はないで**

しょうか。実はこういった幸福観を持っている人は「怖い職場」を作りやすいのです。

なぜならば、人とのコミュニケーションが全て「自分のほうが上位者である」ことを確認するための作業になりやすいからです。また、自分より上位の他者に対しては、「自分は下位だから、上位のあなたの言うことを聞きます」と忖度するようになるからです。こうして上位下達のコミュニケーションや同質化を促し、ハラスメントを蔓延させてしまう可能性があるのです。

一方、第2章で書いたような人間の脆弱性や不完全さ、相互依存性などを踏まえてみると、全く違った幸福観が立ち現れます。幸福とは、「私が私であることを、尊重されている」「あなたがあなたであることを、尊重できている」「そんな私とあなたが、一緒に生きられる」ことです。人は皆違うのだから、比較することに意味はありません。また、誰も一人では生きていけません。だからケアし合える関係、互いを尊重し合える関係というのが幸福なのです。

報酬や部下の人数などを比較して自分の優位性を確認することで、一時的には、不安や恥の感情から離れようとするニーズを満たすことができます。しかし、結局比較には果てがなく、どこまで行っても上には上がいるので、永遠に満たされないレースに参加しているようなものです。

そして、そのような形で自分を満たす人は、必ず「下」を必要とします。その人が気持ちよくいるために「下」として扱われることを嬉しく思う人はいません。人が離れ、いつしか誰も自分を支えてくれなくなった時に、その幸福観の構造的な限界に気付くでしょう。

退職した人たちの多くが、孤独に苦しみます。まだまだ10年20年と人生は続いていくのに、友人もおらず、家族関係がよくないケースも多いからです。私は「変わりたいと願うモラハラ・ＤＶ加害者」との関わりの中で、そのことを心の底から実感します。上下的な世界観に生きる人は、孤独になります。

実際には退職する前にこの状況になる人も少なくありません。わかりやすいのは、子どもが就職するタイミングです。もう金銭的支援を必要としなくなった子どもが親と絶縁したり、配偶者が「もう子どもに迷惑をかけないで済むから」と別居や離婚を選んだりすることがあるのです。「仕事人生が終わってから、家族でのんびり旅行にでも行こう」と考え、今目の前にある人間関係を軽んじた結果、孤独になった人の苦しみは非常に大きなものです。

なんのために生きてきたのか、なぜあんなに仕事ばかり大事にしてきてしまったんだ、結局お金だけあってもなんにもならない……という人たちが今たくさんいます。仕事は、人生の一部なのです。個人としての暮らしや家庭生活が先にあるということを忘れてしまうと、そもそもなんのために仕事をしているのかわからなくなります。経営者やマネージャーは特に、このことを意識して自身やチームのマネジメントをする必要があるでしょう。

ケアリング・リーダーシップの研究者であり自身も経営者であるヘザーは「私はＣＥＯとして、従業員の結婚生活を破滅に追いやることさえできると理解しています……。ただ彼らをストレスに満ちた状態で家に帰らせるだけですから。だからこそ、彼らが満ち足りた気持ちで家に帰ることができるように全力を尽くさなければならないのです」と述べています[11]。また、国際労働機関（ＩＬＯ）は、２０１９年に第１９０号条約「仕事の世界における暴力とハラスメントの撤廃に関する条約」を採択し、その中で職場でのハラスメントはもちろん、職場にいるドメスティックバイオレンス（ＤＶ）の被害者支援にも言及しています[14]。

職場でハラスメントをしている人はもちろん、被害を受けている人であっても、家では加害者になっていることがあります。上位下達の文化を持っている人は、自分が上だと感じる場面では、相手に忖度を要求するからです。男性のほうが経済的なパワーなどの不均衡から加害者になりやすいですが、女性の加害者もいます。

上下関係での支配・抑圧は、それを成立させる権力勾配がある時しか維持できません。そして、いずれほとんどの人はその力を失います。家族の事例では、「大きな遺産があり、その相続先を選ぶ」という形で権力を行使したなんて例がありますが、そんなことができる人、したい人はあまりいないでしょう。いたとしても、最後には「どうせ自分はお金目的で付き合われている」と自覚します。そもそも自分がその力によって他者を支配してきたのだから、自らが生み出した人生の帰結とも言えますが。

職場も同様です。上下しかない世界観で生きる人は、他者との関わりが道具的なので、退職したら関係性が終わります。これまで誘ったら喜んでついてきたはずの部下にも、断られるようになります。もう、上司として、会社の中で提供できる価値がないからです。同僚や、部下や、上司に対して、役割や機能としてのみ接するのではなくて、一人の人間として関わり、そのニーズを知ろうとし、ケアしようとすることに幸福が隠れています。

よく「最近の若者は、仕事へのモチベーションが低い。どうしたら『やる気』を持ってくれるのかわからない」と言ってマネジメントに悩む人も多いようです。これは要するに個々人の幸福観と、そこから生まれるニーズの違いがわかっていないということです。

仕事に求めるニーズは人によって異なります。もしかすると、競争を勝ち抜いて華々しい成功や成果、昇進や昇給を手に入れることに、全く幸福や価値を見出さない価値観を持っているのかもしれません。

大切なのは、個々人がそれぞれの幸福観を前提にして、どんなニーズを持っているのかを知り、ケアすることです。自分と相手は違うニーズを持っていることを忘れないでください。自分がされて嬉しいケアをすればいいという考えは、ケアの欠如に繋がります。

組織のレベル

多様な評価・報酬制度とキャリアパスを作る

組織においても「正しさ」と「幸せ」の価値観は重要です。

普通、組織の体制を作る際は、管理しやすいよう指示系統を整理し、単純で明瞭な構造にするはずです。そのほうが組織の運営や仕事の分担・分業がしやすく、責任の所在が曖昧にならないからです。すると**組織は必然的に、「複雑さ」や「曖昧さ」を嫌うようになり、今ある組織の中で無理なくなじむ同質性を「正しい」とする価値観が次第に強化されます。**これには注意が必要です。組織の同質性が高くなり、価値観が単純化しているという事実に気付かないでいると、組織はリスクを抱えます。世界は多様で一義的な「正しさ」はないのなら、できるだけ多様な視点を取り入れ続けなければならないからです。

例えば、同質性の高くなった組織では、外国人や障害のある人、女性といったマイノリティをうまく取り扱うことは簡単ではないでしょう。既存の標準的なモデルケースで全体をマネジメントしようとすれば、そこからあぶれる人たちはたくさんいます。管理面では単純化・標準化したモデルを考えるのが便利ですが、実際には、標準的な人は存在しないのです。

「群盲、象を評す」という寓話があります。ある人は尻尾を触って「紐のようだ」と言い、ある人は牙を触って「すべすべして先が尖っている」と言う。ある人は脚に触れて「ざらざらして太い木の幹のようだ」と言うのです。一人の言っていることだけが「正しい」と考えてしまうと、全体像を掴むことはできないでしょう。

組織が「正しさ」をどう考えるかによって、判断や言動に大きな変化が表れます。情報を集めて仮説を立て、実験して分析することで、多様なニーズを徐々に理解できますが、実験に失敗した時、失敗をどう捉えるかも重要です。望んだ結果ではなかった時「なぜだろう？」「次はどうすればいいだろう？」と批判的思考、未来志向で分析すると、より深く世界を理解できます。失敗を切り捨てたり罰したりすることでは、変わり続ける社会や環境を理解し、適応することはできません。失敗こそ、深く世界を理解するプロセスなのです。

組織の幸福観が最もわかりやすく表出するのが「評価・報酬制度」でしょう。それはまさに、組織の考える「良し悪し」で人を捉えて伝えるものだからです。

例えば職位が上がるほど報酬が増えるというのは、わかりやすい例です。あるいは部下の人数が増えると、報酬が増えるというのもあります。客観的にわかりやすい基準や数字で評価し、報酬額として伝えることで、社員のモチベーションが上がると考えています。

しかし、よく言われるように、誰もが昇進や管理職に魅力を感じるわけではありません。自分のスペシャリティを鍛えたい、ワークライフバランスを重視したいから、マネージャーにはなりたくないと考える人もたくさんいます。そんな幸福観を持つ人のニーズやモチベーションは、この評価・報酬制度では無視されてしまうでしょう。「君は人の上に立つ力がある。報酬は上乗せするから」と言われても、その声はまるで響きません。ニーズを無視した評価・報酬制度は全く意味をなさないのです。

多様なニーズに応え、それぞれが多様なキャリアパスを選べるよう、異なる種類の

ポジションを作ったり、よりその人の価値観に沿ったチームや部門に異動できるようにしたり、それに合わせて評価・報酬制度を見直す必要があるのです。

レベル4

人を生きやすくする「根源信念」を知る

すごく堅苦しい言い方になってしまいますが、根源信念とはつまり「人間とはなにか」「世界とはなにか」といった、私たちが物事を理解するための基礎となる信念のことで、「価値観」や「判断」や「言動」に影響するものです。

「価値観」と同様、ケアリング・ワークプレイスを作るためだけなら、必ずしも「根源信念」の変容まで、促す必要はありません。

それでもやはり書きたいのは、根源的な人間観を見つめ直すことで、職場だけでなくあらゆる場面で、人が生きやすくなるように思うからです。もし自分や自分の職場にはなじまないと感じても、こんな根源信念で捉え直してみたら……と仮定して想像するだけでも、意味があります。

個人のレベル　人を測る尺度はないと理解する

「怖い職場」を作っていく人間観は明確です。それは、人を「上か下か」で見る立場です。自分より上か、自分より下かと思ってみる時、そこに対等性はありません。無意識のうちに、そうやって人を判断してしまう人がたくさんいます。

　その根源にある信念が「世界のあらゆることは、順序付けることができる」というものです。しかし、よく考えてみると、そもそも上か下かを考えるためには、それが共通の尺度で測れないといけません。

　例えば収入はとても測りやすい尺度です。身長などもそうかもしれません。しかし、例えば海とかたつむりは同じ尺度で測れるでしょうか。コーヒーとティッシュペーパーはどうでしょう。上とか下とかといった考え方がなじまないように感じるのではないでしょうか。それは、それらを共通して測ることのできる尺度が見当たらないからです。

お金で換算することはできるかもしれません。コーヒーは一杯４００円で、ティッシュペーパーは一箱１４０円。だからティッシュペーパーのほうが価値がない、と。でも、それもナンセンスです。紅茶が好きな人にとっては、コーヒーより、紅茶をこぼした時に使える紙のほうが価値が高いかもしれません。評価の軸も複数あるのです。

迂遠な言い方になってしまいました。では、人間を共通の尺度で測ることはできるのでしょうか。「怖い職場」を作るようなタイプの人の考え方なら、きっと答えはＹＥＳになるでしょう。例えば仕事の生産性、例えば収入の多寡、例えば税金をいくら納めているか。そんなことで偉いとか偉くないとか、人間の価値を測れると考える人もいるかもしれません。でも私は根源信念として、**一律に人は測れないし、尺度間の優劣もないと考えます**。だからもし、職場という限定された環境の特定の場面で、何か属人的な困難が生じているように見えたとしても、その人の全てを否定的に評価したり、安易に切り捨てたりする必要はありません。

とはいえ職場では、役職を決める際や報酬を決める際、人を評価しないわけにはいきません。この時、他者が一方的に人の役割やその評価基準を決めてしまうことがよくあります。上司から部下にはもちろんのこと、逆に部下の側から「上司はこうするべき」「上司なら当たり前」と決めつけ、対話をしないまま、期待に沿わない人を「ダメな上司」と評価することも想定されます。

役割とは、ものさしを当てる場所のことです。例えば社員の役割を「生産性高く働くこと」と理解することで、「生産性」にものさしを当てて比較できます。

関わる人たちが、それぞれどんな役割を期待し合っているのか、その役割はどんな「言動」で評価できるのかについて、対話をすることはとても重要です。

例えば「上司ってチームのメンバーにどう関わるべきだと思う？　困っている時にすぐ助けたほうがいいのか、試行錯誤を見守っているほうがいい？」とか「部下に求めている姿勢ってどんなものでしょうか？　質問をたくさんしたほうがいいのか、まずはやってみてその結果を共有して相談するのが良いでしょうか？」とそれぞれの期待を共有し、「だからこういうことをお願いしたい」と互いに認識をすり合わせることができれば、一緒に働く時の納得感は大きく高まります。

もちろん、組織として「こうあってほしい」という人物像もあるでしょう。それがあるならば、それはきちんと採用のタイミングや入社のタイミングで共有される必要があります。互いの理想の人物像というのは「理想」にすぎないので、１００％共有できないでしょう。それでも現実の中で対話をしながら、役割やその評価基準を一緒に考えて納得していくことが重要です。

一律に人は測れないし、尺度間の優劣もないと考えると、折り合いの悪い他者を安易に低く評価したり、「間違っている」と切り捨てたり、相手との関係を絶ったりせず、「どうすれば一緒にやっていけるだろうか」と考えることができます。あるのは、正誤や優劣ではなく、「一緒にやっていけるやり方」と「一緒にやっていけないやり方」だけです。

もちろん、どうしても難しければ、関わり方を変えることも大事だと考えます。相性や構造の問題があるので、全ての人と一緒にやっていけるわけではないからです。同じ人であっても、時間が経ったり状況が変われば、一緒にやっていけない時もあるでしょう。

その上で、一緒にやっていけるやり方を探ったり、関わり方を変えたりといった工夫をしていけると信じられるのは、誰にとっても大きな安心ではないでしょうか。

組織のレベル　利益の追求を唯一のゴールにしない

人を単一の尺度で測れると見る根源信念は組織にも深く影響します。

例えば社員の個々人が持つユニークなニーズを無視する組織ほど、評価制度は、売上や利益などの数字を重視した、よりシンプルなものになります。マネージャーにとっては、社員の成果の背景にある個別の事情を汲み取らなくても評価を下せるのはある意味ラクです。評価によって社員の序列が明確にできれば、誰の言うことを聞いて、逆に誰の言うことは軽んじるかなど、「上下」の関係性をベースにしたコミュニケーションも円滑になるからです。

そして記憶に新しいビッグモーター社の例のように、こんな組織では、評価の低い人は「下」とみなし、朝礼で全社員の前でパフォーマンスの低さを謝らせ、強烈な恥を与えることで吊るし上げる、なんて恐ろしいことが起きるのです。懲罰的なふるまいは、職場全体に恐怖を植え付けることも意図しています。「自分はこんな目に遭いたくない」という、恐怖から生じるニーズが、社員を奮い立たせると考えているのです。**恐怖から逃れるようなニーズを生み出し、動機付けをすると、人は最も頑張れると考えているのでしょう。**

過酷な上下の人間観にさらされた時、自分だけは下ではなく上になりたいと思うことは、罪なことではないでしょう。誰でも、下にいたら軽んじられ、馬鹿にされ傷つけられるとわかっていたら、組織に反発したり、改善を求めるよりも、とりあえずその中で上に上がりたいと思ってしまうものです。**しかし、そうして組織の文化に順応することで、組織の同質化は加速し、個人もケアが欠如した考え方を内面化していくことになるのです。**

たいへんよく誤解されがちですが、実はそもそも組織とは、金銭的な利益の追求が唯一のゴールではありません。それはたくさんの選択肢の1つです。社員はもとより、社会の多様なニーズを持続可能な形でケアするために、組織があると考えることもできるのです。ケアリング・ワークプレイスとは、関わる人々が持続可能な形で、美徳を発揮してケアし合える職場です。持続可能性のためには、もちろん利益も必要になるでしょう。しかしその利益は「ケアし合う」ために必要だから重要なのであって、利益自体が最終価値・最終目的ではないという考え方もできるのです。

ケアリング・ワークプレイスのメリットとは

改めて、ケアリング・ワークプレイスとは一体どんな状態なのでしょうか。これまで書かれてきた様々な取り組みが行われ、目的が実現すると、どんなコミュニケーションや人間関係になっているのでしょうか。それがいかに綺麗事ではないばかりか、ビジネス的にもポジティブなことであるか、実益を見ていきたいと思います。

会社のビジョンを対話的に共有できる

ケアリング・ワークプレイスには明確な目的やビジョンや会社の目指す方向性が存在しています。会社が何のために存在しているのか、どんな状態になれば嬉しいのかといったことがはっきりしています。

「怖い職場」でアンケートを取ると、よく回答に上がるのが「会社がどこを目指しているのかわからない」「ビジョンへの共感がない」といった内容です。これには２つの可能性が見てとれます。

１つは、単純にビジョンやミッションが設定されていない場合。事業をなんのためにやるか言語化されておらず、今までやってきた事業を今後も継続していくだけ、というような場合です。

もう１つは、ビジョンやミッションは経営陣によって作られているけれど、それが社員には全く浸透していないケースです。経営陣が対話せずに作ったビジョンに対して、社員が白々しく思っていることも少なくありません。上位目的というのは、押し付けるような形で作っても、現実味を持ってメンバーに伝わっていかないのです。
対して、**ケアの文化が根付いた職場では、ビジョンやミッション、あるいはバリューなどの上位の概念が、社員に共感的に浸透しています。**個々人にグラデーションはあるものの、ビジョンの作成に自分も関わったとか、ミッションが自分の価値観に合致するとか、大切にしていることが反映されている、バリューに共感している、などの感覚を持っている社員が多いのです。上位目的を確認するプロセスを、上位下達にせず対話的にするからこそ、こんな感覚を生み出せるのです。

ビジョンのためならなにをやってもいいのか、どんなふうにやってもいいのかというと、そんなことはありません。個人を尊重するような形でなければ、今度は「目的のための奴隷」のような状況になってしまいます。個人は決して会社のビジョンやミッションのためだけに生きているのではなくて、固有の人生の幸福を優先します。それは当然です。

社員はひとりひとりが自分の人生を大切にし、プライベートも大切にしながら、職場においては社会的に価値があると思う仕事に取り組みます。その結果、人生の満足度が上がり、幸福感を持てる状態になるのです。職場がその人にとって憂鬱なものではなく、関わるに値する場所になります。

また同僚同士やチームメンバー同士の仲もギスギスしたものではないでしょう。互いのニーズを知ろうとし、ケアし合おうとする関係では、言動も慎重に選ばれるはずですから、不当に傷つけ合ったり、軽んじ合ったりすることなく、互いの大切にしたいことを尊重しようとする関係の中で仕事をすることができます。

顧客の多様なニーズに応えられる

仕事のやりがいとして大きなものの1つに「顧客からの感謝」を挙げる人は少なくありません。多くの人は、単に仕事をこなせば良いのではなくて、それを通して誰かの役に立ったり、感謝をされることを通して、自分が生きている意味や仕事の価値を実感するからです。価値があると思えることに、信頼できる仲間と取り組むことを通して、クライアントや顧客満足も高まることが想定されます。

この意味において、多様なニーズが尊重される職場は大きなアドバンテージになります。なぜなら、多様な社員が参加しているからこそ、世の中にある多様なニーズに気付くことができ、それをケアするようなマーケティングやプロダクト、サービスなどを生み出したり、今あるものを改善したりできるからです。それは顧客の拡大と新たな価値の創造を意味しています。

例えば子どもを持たずにペットと暮らす共働きの家庭には、どんなニーズがあるでしょうか。お酒が飲めると格好いいとされていた世代で、今アルコールを控える必要が出てきた人のニーズは？　地球環境に配慮したい人にとっての理想のスニーカーは？　そんなふうに、まだ十分に言語化されず、潜在的な段階にあるニーズを拾い、配慮することができるのは、多様なニーズを尊重できる職場です。

顧客から感謝されるような価値ある仕事をするためには、新しい能力を開発したり、新しい事業や領域や業務にチャレンジしてみることが必要になるでしょう。会社のビジョンやミッションや目指す方向性と、社員がやってみたいこと（＝ニーズ）が重なる部分でのキャリアパスや仕事上の機会を、マネージャーが積極的に作り出して、支援することが重要です。能力開発のための学習支援が用意されていれば、ニーズをケアされ、応援されている感覚を持ちます。すると一層、仕事に打ち込んで会社に貢献しようというモチベーションも高まるのです。

失敗を恐れない人材が育つ

多様な個人が集まって働く以上、時には問題がおきることもあるはずです。誰かが悪意なくメンバーを傷つけてしまうということは、避けられないからです。しかし、安易に傷つけた側の人が罰せられたり辱められたりするのではなく「なにが問題だったのか」「今後どうしたら良いのか」について真剣に考え、学び直す機会が与えられるようなケアリング・ワークプレイスなら、本人のみならず職場全体に、また一歩進んだケアの文化が作られていくはずです。

「人は誰もが間違えることがあるし、学び、変わることができる」と信じられている職場においては、仕事上の失敗やミスも許容されます。もちろん致命的なミスを何度もしてしまう場合には限界があるかもしれませんが、安易に個人の問題に還元せず、制度や文化・ルールなどを変更して、より構造的な問題解決を図る文化があるのです。個人に無能感や恥の感情、不安や恐怖を与えて支配したりすることはありません。失敗を挽回するための機会も与えられるでしょうし、学習の支援もあるでしょう。そうした環境では、失敗は恐れる必要がないのです。

変化に柔軟でイノベーティブな組織になる

往々にして新しいチャレンジは失敗を伴うので、そのたびに責められたり馬鹿にされるような職場では新しい事業が生まれにくくなります。また、「怖い職場」では上司に誤りを指摘できず、間違った行動を取ってしまうことがよく知られています。事故をおこす飛行機は、操縦士が高圧的で副操縦士が問題を指摘できなかったケースが多いということが研究で示されているほどです。

一方、ケアリング・ワークプレイスはイノベーティブなアイデアを生み出すことで、顧客満足も高めていくことができます。また、自然に上司に誤りを指摘できる職場では、環境の変化などに柔軟に対応できることが予想されます。自然に、というのは、指摘する人も指摘される人も脅威を感じずに言動できるということです。

よくある組織の最大の失敗は「一度うまくいった成功体験に固執すること」だと言われています。一度良いやり方を知ってしまうと、それを変えるのは難しく、否定的な情報をシャットダウンしてしまうのです。そうすると最新の情報もうまく取得できず、分析にも偏りが生じ、結果としてピントのズレた選択を取ってしまいがちになるのです。

デジタルカメラが出てきた頃のＫｏｄａｋは、フィルムカメラメーカーとして圧倒的利益を生み出しており、デジタルカメラには見向きもしませんでした。自分たちで生み出した技術の価値をうまく評価できず、結果的には倒産にまで追い込まれてしまいました。同質性が高く、同じように物事を見る人たちばかりの組織では、新しい発見が目の前にあっても理解することができず失敗するということがよくあるのです。

同質性や凝集性が高いほうが、一見、コミュニケーションはラクです。様々な人のニーズに答えようとする組織は、それだけ多様な組織になり、コミュニケーションの齟齬はおきやすくなります。しかし、同質性が高いと柔軟性が落ち、適応力が下がることもあるのです。

社会の変化がゆっくりな時は、それで構わなかったのでしょう。同じ問題に対して同じ解決方法を用いる場合には、ある程度同質性が高いほうが、効率的で収益性が上がりました。もし同質性の篩《ふるい》からこぼれおちた人が会社を辞めたら、また新しい人を採用して、篩にかければよかったのです。人口が増えている時代には、それが可能でした。

しかし、今となってはそうはいきません。社会の変化のスピードは上がり続けているように見えますし、１つの職業が10年以上人気であり続けることも少ないでしょう。一時期もてはやされ「世界で一番セクシーな仕事」と呼ばれたデータサイエンティストも、今では様々な使いやすいツールの登場により、１つの職能やスキルとしての扱いが落ち着いてきているように思えます。

ですから、色々な人が職場にいてぶつかることもあるのだけれど、そのトラブルを丁寧に解きほぐし、学び直していけるような職場であれば、より多くの場面において解決策を見出すことができるのです。これはケアリングワークプレイスの極めて重要な価値の1つでしょう。

社員のモチベーションが高まる

このようにビジョンやミッションがはっきりしていて、自分の目指すところや、大切にしたいことと一致した場所で攻撃されずに安心して働き、チャレンジをすることができると、どんどん組織に愛着が湧いてきます。すると、もっと組織のために貢献したいと思います。それは、**自分のニーズをケアしてもらえる場所には、自分も何かをしたいと思うからです。ここに、相互依存の理想的な形があります。**互いが感謝し合いながら、それぞれにできることを提供し合うことで成り立つ関係です。

会社が社員に「仕事やパフォーマンス、結果に対して責任を持って取り組み、高いモチベーションで仕事に打ち込んでほしい」と望むのであれば、ケアの視点を導入するメリットは明確にあります。ケアリング・ワークプレイスは決して綺麗事ではなく、むしろ人と一緒に働いていける場所を作ることを通して、関係者のニーズを満たす力がより大きい組織を作っていく考え方なのです。

社員の自己実現を支援するためには、マネージャーは時間的な余裕を一定程度持ち、それをメンバーの人間的な理解やそのニーズのケアに充てられるような権限や、文化、制度が必要です。足りないリソースがあれば人事や上位のマネージャーに共有したり、自ら解決策を提案することで環境自体を変えられると、ケアは一層、行き届きやすくなります。

採用力が高まり、離職率は低くなる

もし職場が丁寧に個人のニーズをケアする文化を持っていたなら、社員はリクルートの時にも積極的に自分の友人に会社を推薦します。逆にケアが欠如した「怖い職場」では、安心して職場を推薦することができないということもよく言われます。職場を褒めようとすると嘘になり、良心が咎《とが》めるからです。

安心して働けて、人にも勧められるような職場であれば、誰よりもその人自身が辞めないでしょう。人が辞めなければ採用コストも教育コストも最小限ですみます。入れ替わり立ち替わり人が変わる職場でおきがちな、「どうせすぐ辞めるんだし」とまともに教育をせずに現場に投入するような問題も減ります。

このようにケアリング・ワークプレイスには、多様なビジネス上のメリットが存在しているのです。変化の激しい現代において、とても重要なエッセンスをいくつも含んでいると思います。

HOW TO BUILD A CARING WORKPLACE

CHAPTER 4

TRANSFORMATION

変容：ケアリング・ワークプレイスのつくり方

第4章では、個人と組織が心理、文化、制度などの側面から、どれほど多様な方法でケアリング・ワークプレイスを作っていけるかについて検討していきます。その中には経営者のコミットを必要とするような大きなテーマのものもあれば、**日常のちょっとしたコミュニケーションにおいて第三者がハラスメントを減らすような行動をとるアクティブ・バイスタンダーの存在**まで、様々なものがあります。

どれか1つでケアリング・ワークプレイスを作れるというわけではありません。そんな魔法のステッキはないのです。日常のコミュニケーションから始まり、様々な制度や文化が変わった時、職場が変わります。

なにより大事なことは、職場は常に未完成であるということです。第2章でも述べたように、完璧ということはありません。個人も社会も変わり続けていくのですから、なにが良いことでなにが悪いことなのか、どんなことがケア的で、どんなことが加害的なのかは、変わり続けていくのです。変容の過程でも、傷つくことがあります。それでも学び変わり続けることができるなら、ケアリング・ワークプレイスを作ることはできるのです。

「加害者は、変われない」わけがない

まず、**最もわかりやすく重要なのは「加害者」の変容です。人によっては「どうせ人は変わらない」と考える向きもあるかもしれません。しかし、人は変わることができます。より正確にいうならば、変わりたくなくても変わっていくのです。**

そもそも「変わる」とはどのようなことでしょうか。一体なにが変わったら、人は人が「変わった」と認識するのでしょうか。本書ではこの変容を、第3章で考えた4つのレベル「言動」「判断」「価値観」「根源信念」に照らしてみます。

まず、「言動」が変わること。例えば「お前」から「××さん」と呼び方を変えただけでも、それを変化と呼びます。人によっては「どうせ表向きが変わっただけでしょ」とか「演技してるだけなんじゃないの」と思う人もいるでしょう。表層的で浅はかにさえ見えるかもしれませんが、それで良いのではないかと私は思うのです。

結局、言動の裏側にある人の本心なんて誰にもわからないし、実際、自分自身の本心でさえも、複雑でわからないのですから。誰かに冷たく当たりたくなる時もあれば、人の目を気にして善人ぶる時だってあるのが人間です。

完璧じゃなくとも、うまくできない時があっても「ほらね、だから結局何も変わってないんだよ」と責めるよりも、「変わろうとしていても、そんなに簡単じゃないよね」と思えるほうが、人は生きやすくなると思います。

「言動」に表れるコミュニケーションの未熟さや攻撃性を、変え難い「性格」や「人格」のせいだと考える人もいるでしょうが、私はどちらかというと、学び、身に付けることのできる能力の課題であるように思います。誰もが人と幸せに生きたいと思っているけれど、その方法を知らないか、未熟であるがゆえに、人を傷つけてしまったり、自分のことを傷つけてしまうのだと考えているからです。

そもそも性格とはなんでしょうか。繰り返しますが、結局私たちは人の頭の中や心の中を覗くことができません。観察できるのはその言動だけです。ですから、**私たちが性格だと考えていることは「ある人が、同じ状況の中で、繰り返し表出させる言動**

のパターン」と言い換えることができます。

「あの人は余裕がなくなると攻撃的になるんだよ」ということと「あの人は、仕事が詰まってくるとああいう言い方しかできなくなるんだよ」ということは、ほとんど同じことを指していますが、前者は性格、後者は言動を問題にしています。

ある状況において、どんな言動のパターンが出るか。その繰り返しを人が性格だと考えるなら、性格には生まれ育った環境が深く関わってくるでしょう。

例えばとても忍耐強くて、他者にもその忍耐強さを求めてしまう人は、「小さなことで弱音を吐くな、しゃきっとしろ」と日常的に言われて育ったのかもしれません。弱音を吐くたびに抑圧され続けた結果、辛い時ほど一人で抱え込むし、他者にもそれができるはず、とふるまうようになったとしたら、それは変えられないほど本質的なものなのでしょうか？　もし、養育環境から離れた後、新たな環境で出会った人が弱音をしっかりと受け止めてくれたら、ニーズを聞いてケアし、どう生きていきたいかを一緒に考えてくれると信じられたら、その人は弱音を吐けるようになるかもしれません。環境が変われば、言動が変わり、そして性格まで変わって見えるはずです。

ですから私は、言動と性格を区別することを、あまり重要だと思っていません。結局のところ、ケアが欠如した職場を作るような怖い言動が減り、ケアのある職場を作る言動が増えることが、重要です。

そしてもう1つ、とても大切なことを伝えさせてください。それは**ケアが欠如した加害性の高い人も、その人なりに幸福を目指して生きているということです。**私はこれまで多くの「加害者」と関わる中で、それをはっきりと感じています。誰も不幸になりたくて、あるいは他者を不幸にしたくて言動を選んでいるのではなく、幸福を目指して言動しています。

第2章で述べてきたような考えを改めて持ち出せば、人は皆自分のニーズを満たすために生きています。実際には、共に生きる人のニーズを満たすことなしには、互いに満たし合うことができず、関係は終わってしまいます。だから自分の幸福のためには他者をケアする必要があるのですが、それに気付かず、自分のニーズを満たすことばかり考えて、結果的に幸福になれない人がたくさんいるのです。

自分のニーズを優先して、**他者のニーズを無視してしまう人の多くは、実はケアし**

合える関係を知らずに育ってきています。上下関係の中で、下にいると搾取され、上にいると忖度される関係性の中で「だったら、自分は上にいきたい」と思うしかなかった人たちがたくさんいます。

また実は、**自分で自分のニーズを尊重し、ケアする経験も不足しています。自分自身に圧倒的にケアが不足するからこそ、他者のニーズを知ったり、ケアしたりする余裕がなくなってしまうのです。**厳しく育てられた人だけではなく、過保護に育てられた人もここに当てはまります。なんでも先回りしてケアをされて育つと、自分のニーズに気付きにくくなったり、ケアを依頼する能力が発達しないのです。自分がしてもらっていること、ケアされていることにも気付かないので、感謝する機会も少なく、それゆえ自分が誰かをケアした時は「自分ばかりしてあげている」と思ってしまうのです。

職場でのパワハラに限らず、モラハラ・ＤＶの加害者の中には、自分の加害性を認め、学び変わっていく中で「人の誘いを断れるようになった」「休日、なにもしない時間が大事だと思えるようになった」と言う人がいます。それは、そうやって**自分自**

身を大切にしてケアする余裕を持たなければ、自分がケアする側になることができないということに気付いていくからです。誘いを断るのは失礼だと思って無理してでも応えてしまったり、時間を有意義に過ごさないと自分の価値が下がってしまうと考えて自分の余白を埋め尽くしてしまうと、他者をケアする余裕がなくなっていきます。結果として、余裕のなさやイライラを一番ぶつけやすい人、例えばパートナーや子ども、職場であれば部下や新人にぶつけてしまうのです。

自分と、自分の周囲の人に差し出すリソースや、ケアのほどよいバランスを知ることが、幸福な関係性を作る第一歩なのです。

一緒に働く人を怖がらせてしまって、人が辞めていったり、自分も過労気味になったり、あるいは評価が下がったり、クビになったりするケースもあります。それは本人はもちろん、多くの人にとって不幸なことです。そういう人が職場に与えるネガティブなインパクトは計り知れません。

個人の変容を目指す際には、加害者を単に悪者であるとか、生まれつきのモンスターであるというふうに考えず、可能な範囲で一緒に生きていけるように、職場を一緒に作っていくという姿勢が重要です。誰かを責めたり、馬鹿にしたり、劣っていて価値がないというふうに評価したり、脅威を与えて変えようとするのではなく、共に生きていきたいと願う気持ちから始めなければ、ケアリング・ワークプレイスは作れません。世界は敵ばかりではない、弱さを見せても攻撃されない、励まして支えてくれる人たちがいるという事実そのものが、変容には重要なのです。そして、その経験を経るからこそ、今度は自分が誰かを支えたいと思えるものです。

ただし、これはとても難しいことです。**「職場でやらなければならないのか？」「カウンセラーのような、対人援助職の仕事ではないか？」と考える人もいるでしょう。**しかし本当はその人に関わる全ての人間関係がケア的でなければ、加害的なコミュニケーションの連鎖を断つことができないだろうし、また逆にどこからでもケアを始められれば、ケアの関係性が繋がった豊かな社会になると私は思っています。

とはいえ、現実に今、「ケアが欠如した職場」である場合には、そのような考え方を共有できる人も少なく、共感もえづらいでしょうから、外部のコミュニティやリソースにアクセスすることも重要です。私は、ケアリング・ワークプレイスを作りたいと思う人や、「変わりたいと願う加害者」が集まるコミュニティを運営しています(caring-workplace.com)。他にも様々な外部資源がありますので、ぜひ活用してみてください。

ここからは、ケアが欠如した職場からケアリング・ワークプレイスに変わる過程で、個人がどのように変わるのか、そのプロセスを描きます。このプロセスをいかに支援するかが、大切です。

プロセス① 「悪意のない加害」を指摘する

「怖い職場」を作ってしまう人の言動には、大きく分けると2種類のパターンがあります。「それが普通、当然、当たり前と考え、悪意なくやってしまう人」そして「良かれと思って、わざわざ選んでやってしまう人」です。

第1章で紹介した数々の事例も、概《おおむ》ねどちらかに当てはまると思って良いでしょう。

職場を怖くしている人は、自分が加害している自覚が全くない場合も少なくありません。法的なハラスメントの定義に当てはまるレベルでさえ、そうなのです。良かれと思ってやっている人のケースでは、むしろ「相手のためを思って」「成長してほしい」などと、身勝手な善意を持っているわけです。

つまり、彼女ら彼らは「わざとやっていない」。これが人の変容を促す上で、大切なポイントです。**自然に気付いて反省することや、時が経過すればだんだん落ち着いていくということを、期待することはできません。人は、自分が当たり前だと思っていることや、良いと思っていることを変えるインセンティブを全く持っていないのです。**

ですからまず、「なにが問題か」を具体的に示し、「繰り返さないでほしい」と明示しなければなりません。

プロセス② 「変わりたい」というニーズを引き出す

人が変わるきっかけになるのはどんな時でしょうか。1つは、自分が困ったり、厄介なことになったりした時です。不利益が生じて「変わりたい」という切実なニーズを持った時、とも言えます。もう1つは、「変わることで得をする時」です。これまでのやり方より、「新しい方法」のほうが自分にとってラクだったり、メリットがあったりする時です。

ですから、もし**問題の社員に変容を促したいなら、単に問題を指摘して改善を求める指導では足りません。もっと、その人自身の困難から生まれるニーズを聞き、その上で変容を支援する必要がある**のです。

「変容を促して支援するなんて大変。穏便に辞めてくれたらいいのに……」と考える人もいます。しかし日本の雇用形態では、法的な意味で罪を犯していない社員を辞めさせるのは、簡単ではありません。『問題社員の正しい辞めさせ方』（新田龍、リチェンジ）には、無断欠勤、グレーゾーンのハラスメントだけでなく、横領などの犯罪行為をする社員でさえ、穏便に辞めさせるのは難しいことが示されています。そしてだからこそ、問題社員の変容を支援し、一緒に働けるようにする必要を説いています。

ここで、その方法論「太陽方式」を簡単に紹介します。プロセスとしては、①業務の棚卸しを行い、②振り返りをし、③指摘ののち、④徹底指導を行うというものです。

徹底指導と言うとなんだか「怖い職場」のようですが、本書はハラスメントについても非常に注意深く記述があり、そうならないようにするための様々な配慮が行われています。2つの成功事例のうち1つは、問題社員とされる人のニーズを丁寧に掬い上げ、改善していくことを支援し、結果として居場所が生まれ、承認欲求が満たされ、対人姿勢も変化し、リーダーの役割を任せるまでに至った事例です。

この「太陽方式」でも重視されているのは、大前提として「怖い職場を作るような人は出て行ってくれ」というコミュニケーションではなく、一緒にやっていくにはどうしたらいいだろうかと考えるコミュニケーションです。

「なにが悪いのか」を具体的に示し、「繰り返さないでほしい」と明示するのもポイントです。最初に書いた通り、加害者に悪意はないので、明確に示し、どのように学んでいくのかについて相談をする形で相手に伝えることが大事だというのです。ふんわりと「ハラスメント的なことはやめてください」と言われても、当人からすれば、普通のこと、当たり前のことをしているにすぎないのですから、なにが「ハラスメント的」なのかわからないのです。指摘する際には、具体的に明確に伝えないと、伝わりません。

この時、**書面で伝えることも重要です。口頭でニュアンスをぼかしながら伝えるのではなく、はっきりと記録に残し、あとから読み返せる形で伝えることによって、本気度を示します。**自分に問題があると認めることは難しいですし、記憶というのは案外頼りないものなので、言われていないことまで言われた気になったり、言われたことを忘れてしまうのを防ぐ意味もあります。

そんなふうに変容を促して支援した先に、自主退職する事例もあります。実は「太陽方式」の成功事例のもう1例は自主退職していました。ケアリング・ワークプレイスであっても、全ての人と働けるわけではありません。これはとても大切なことですが、できる範囲で相互にケアできるような関係を作るための努力を十分にしても、それが叶わない関係は、むしろ終了していいのです。どんな組織も人間関係も、それぞれの特性や相性があり、万人が働ける場所を作ることはできません。その場合にはむしろ転職を支援し、その人の美徳が発揮できるような場所に進むことを応援することが、最後にできるケアということになります。

プロセス③ 否認・自己憐憫する加害者を否定しない

問題を明確に伝えられたからと言って、一足飛びに加害性を自覚し「変わります」とはならないのが、難しいところです。問題を指摘された人の反応には、大きく2つのパターンがあります。

1つは否認するパターン。そもそも「そんなことはやっていない」と否認することもあるでしょうし、「そんな意図ではなかった」と意図を否認するパターンもあります。「そのくらいで傷ついたり怖がったりするほうがおかしい」と被害を否認するパターンもあります。とにかく、そもそも認めないのですから、話が始まらないような状態です。

2つ目は、自己憐憫するパターン。自分が当たり前だと思っていたり、良かれと思ってやっていたことが否定されたことで傷つき、「自分は悪くないのに」「むしろ被害者だ」と考えるような状態です。自分が育ってきた時のようにやってきたのだから自分は悪くないと思ったり、「今の人たちは甘えている」「ずるい」「自分だけが貧乏クジを引かされている」と感じてしまうのです。

特に良かれと思ってやっていた場合には、「飼い犬に手を噛まれた」ような感覚になり（そもそも他者を飼い犬、自分の思い通りにできる存在と考えたり、養っているような気持ちになること自体が、対等な人間関係からはほど遠いのですが）、「あれだけしてやったのに恩知らず」「ひどい人間だ」と考えます。

否認にせよ自己憐憫にせよ、どちらもケアする主体として他者と関わる責任、より正確には、ケアをしようとして間違ったら学び直す責任から逃れようとしている点においては同様です。

大切なのは、加害者が否認したり自己憐憫すること自体は、決して間違っていることでも、悪いことでも、おかしいことでも、ずるいことでも、弱いことでもないということです。それは自然なことだということを、まず認めます。

極端な例ですが、例えばあなたがインドを旅行した時に、子どもの頭を撫でたとします。その文化圏ではとても失礼な行為です。子どもが泣き出したり、周りの大人があなたを叱責したりしたら、「悪気はなかったんだ」「知らなかったんですよ」「そんなに怒らなくても……」と感じるのではないでしょうか。その場ではもちろんすぐに謝ったとしても、帰国後に友達にこのエピソードを話した時には、「それは大変だったね」と一言もらえると、ホッとするのではないでしょうか。「そうだよね、びっくりしたよ」「文化や慣習を調べておくべきだった」と言いたくなると思います。「それはお前が悪いよ、常識がないな」とか「恥ずかしくないの？」「謝ってすむ問題じゃないんだよ」と強く否定されたら、かえってムッとして「そんなに言われるほどのことじゃない」「知らなかったんだからしょうがないじゃないか」と頑《かたく》なになってしまうかもしれません。

　誰でも、まず自分の言い分を聞いてほしいし、自分が間違っているとか、悪人だとか言われたくはないのです。しかし、どうしても「あなたのコミュニケーションを改めてほしい」と伝える時、そんなメッセージを含んでしまうことになるでしょう。

　ですから、はっきりと伝えるべきことは伝えながらも、加害者の話もよく聞き、言動の背景にある組織の問題や自分自身の関わり、相手がその言動を取らざるをえなかった合理性に理解を示しながら、「あなたと一緒に働いていきたいからこそ、これをやめてほしい」と伝えることが重要なのです。

例えば「このくらいは自分の時代には普通だったし、そんなふうに言われると心外だな」とか「良かれと思って指導をしていたのに、こんなふうに言われるならもう怖くて部下の面倒は見られませんね」という反応が返ってきたなら、その背景にあるニーズを想像してみましょう。

それはもしかしたら「自分はこのやり方で成果を上げてきたのに過去の功績まで否定された気がして悲しい」とか「職場に害を及ぼす、役立たない人間だと思われるのが怖い」といったニーズかもしれません。そのニーズに丁寧に向き合う必要があります。その人がこれまで積み重ねてきた努力を改めて評価し、取り組んできた仕事を認めた上で、過去に努力を重ねてきたあなたならきっとできるはずだと伝えるのです。

「変わることは、これまでの自分を全て否定することではなくて、むしろ、新しい道具を手に入れることなんですよ」という表現は、非常に受け止められやすい伝え方で、

私自身も組織開発・能力開発の場面でよく使っています。

加害者にとって、ケアリングの考え方は最初は綺麗事に聞こえますし、自分の強みを捨てて取り組まなければならないと勘違いして、強い抵抗感を持ってしまう人も少なくありません。しかし実際には、強みは持ち続けたまま、状況に合わせてより適切な手段を選べるということなのです。それは綺麗事どころか、はるかに実利的です。顧客や業務内容が変われば役に立つスキルが変わるように、時代や文化が変われば役に立つスキルは変わるのです。

それはプレイヤーからマネージャーになる人が、自分だけでなくチーム全体のパフォーマンスが上がるようなマネジメントスキルを身に付けることや、マーケティング部門からセールス部門に異動する人が、クロージングのスキルを身に付けることと同じです。スキルの1つとして「ケアリング・スキル」があり、そのスキルは職場環境の改善だけでなく、ビジネスとしても重要な効果を持つ、というわけです。**「あなたならスキルを身に付けることができる」というメッセージで勇気付けることができたら、ちょっとやってみるかと思う契機になるのです。**

プロセス④ 学習を支援し、支援者も一緒に学ぶ

この「ちょっとやってみるか」が、加害者の変容の非常に大きな分かれ道です。そしてその次に生まれるのが「結局なにをやるの?」という問いです。具体的な書籍・動画の資料や研修・トレーニングなど、適切な学習資源を提供しなければ、せっかくのモチベーションはすぐに下がってしまいます。本書や「怖くない職場を作るためのコミュニティ（caring-workplace.com）」、私の著作『孤独になることば、人と生きることば』はもちろん、世の中にはたくさんのコミュニケーションやマネジメントの書籍があります。こういった学習資源を準備しておくことが重要です。

ここでは、加害者変容に関連するキーワードを列挙します。

- **心理的安全性**
- **アサーティブコミュニケーション**
- **ノンバイオレントコミュニケーション（NVC）**

・エモーショナルインテリジェンス（EQ）
・アクティブリスニング
・インクルーシブ・リーダーシップ
・コンフリクトマネジメント
・ポジティブ・フィードバック
・セルフコンパッション
・レジリエンス
・システム思考
・トランジション
・アンガーマネジメント

先のキーワードと「研修」「セミナー」「トレーニング」「組織開発」「コミュニティ」「マネージャー」などの言葉を組み合わせて検索し、学習資源にアクセスしてみてください。最も適切なキーワードは、現在加害者が抱えている問題によって異なりますが、学習を進めるうち「一番しっくりくる」というものを見つけられると思います。人によっては、適切な学習資源にアクセスするだけでも、大きな変化を実感できます。

ただしほとんどの場合、コンテンツ学習だけでは足りません。スポーツなどと同様、試合で技を使えるようになるためには、型や技の基礎知識を学ぶだけではなく、日々、実践練習を積み重ねることが重要です。

また加えて重要なのは、速やかなフィードバックです。「ここは良かったね」とか「ここはこうしてみるともっと良いかも」というふうに、進捗を見守り、評価、改善のアドバイスを与えることで学習は進みます。つまり、**加害者に変容を促し、支援する側も加害者と同様にケアの知識を身に付けなければなりません。**でなければ、適切な支援や評価、フィードバックができないからです。支援する側も同時に学習し、自らも実践しながら、個人の変容を支援することが重要です。

「あなたの加害性を自覚してください、ケアのコミュニケーションを学んで改善してください」と加害者に伝える人自身が、実は「自分の加害性を自覚していない、怖い人」では、「あなたには言われたくない……」となりますよね。加害者変容の一連のプロセスにおいて、支援する立場の人が加害者を責めたり、罰したり、劣等感を持たせたり、辱めたりすることが、加害者の変容を妨げることがわかると思います。

もし可能であれば、元々はハラスメントをしていたような人、「怖い職場」を作ってしまっていた人が、ロールモデルという形で支援する側に加わり、コミュニケーションできると効果的です。自分と同じ失敗をした人が反省して学び変わっていること、それが仕事に役に立つことなどを、身をもって伝えることで、モチベーションに繋がります。

プロセス⑤　弱音を吐ける場を用意する

今まで当然のようにしてきた「生き方」を変えるのですから、加害者の変容の過程は、つらく苦しいものです。「できることなら今の自分のまま、変わることなく、無理せず生きていきたい」と思ってしまうことを、誰が責められるでしょうか。

変容の過程では、自分がとても弱い存在になったような感覚や、他者よりひどく劣って役立たずになったような感覚、誰にも必要とされていないような恐怖などを感じるものです。すると、自らの加害性をはっきりと自覚してケアを学び始めたはずの人であっても、「なんで自分ばかりがこんな目に……。他の人だってやっているのに」というような被害感情が揺り戻してくることがあるのです。そんな受難のプロセスを越えて、学び変わり続けるためには、愚痴をこぼしたり弱音を吐いたりできる場が必要です。

まず加害者自身にも支援者にとっても重要なのは、加害者がそんなふうに感じたり考えたりすることは「自然なこと」だと受け止めることです。支援者はもし、加害者からそんな愚痴や弱音を聞いたなら、「そう考えることは間違っている」なんて絶対に言ってはいけません。それは結局ケアの欠如した考え方だからです。

変容を支援する人は、加害者に２つの提案ができます。

1つは、カウンセリングなどの外部の支援にアクセスし、自身の苦しみや痛みをケアするための力を借りることです。これは、「強く生きたい、強く生きなければ」と願った結果として人を傷つけてしまったというような加害者ほど、簡単には受け入れ難いアドバイスかもしれません。専門機関を頼る前提として、ある種の自分の「弱さ」を認める必要があるからです。

医療機関などの専門機関を頼ることは、決してその人が間違っていたり劣ったりすることを意味しません。むしろ学び変わろうとするエネルギーをえるために必要で、より多くの人とケアし合う関係を作るための適切な「努力」です（「努力」という表現は、前述のタイプの加害者にとって、受け入れやすい表現だと思います）。

専門機関を頼った際に１つ気をつけてほしいのは、様々な「ラベル」を手にする可能性です。加害者は、時に様々なラベルで表現されます。典型的なのは、発達障害、愛着障害、パーソナリティ障害など。それらのラベルは、自己認識を改めたり、症状について学ぶのに役立つ一方で、偏見や蔑視に繋がることがあります。ラベルを理由に、「×××なのだから、変わることはできない」と決めつけたり、「健常者とはかけ離れた人」として、蔑視、排除するきっかけにもなるのです。

繰り返しになりますが、人は１つのものさしで測れるような存在ではありません。

「×××障害の人」というラベルだけでは、人を理解することはできない。誰もが幸福を目指し、葛藤し、傷つき、必死で生きており、今もその過程の最中であることは、絶対に否定しないでほしいと思います。「変われない存在」と決めつけるためではなく、「学び変わる」ための手助けとして、そのラベルを活用してください。

もう1つは、カウンセリングのように一方的にケアをされる場だけではなく、変わりたいと願う人たちの当事者団体や自助団体へアクセスする提案です。私も職場のコミュニケーションに特化したコミュニティを作っています。

そこでは自分と同じようなことをして加害者だと言われたり、ハラスメントだと言われたりして、傷ついたり苦しんだりしながらも、なんとか自分を変えていこうとする人たちがたくさんいることを知ることができます。ここに集まる人は、驚くほど、どこにでもいる普通の人たちです。

また私はモラハラ・ＤＶ加害者の自助団体を数年間続けていますが、多くの人が自分と似たような人と出会うことを通して、勇気付けられたと実感しています。誰もが生まれた時からの恐ろしいモンスターではないし、一生変わることのない化物ではないのです。幸せになることを願い、努力してきた人たちです。このことはいくら強調しても足りません。

弱音や愚痴をこぼせる環境は、加害者を支援する人、マネージャーや人事、経営陣にも必要です。なかなか変容が進まない加害者や、責任逃れを続ける加害者の様子を見ていると、腹が立つこともあるでしょう。特に、加害者によって傷つけられた人（被害者）を直接知っている場合、「被害者はもっと辛い思いをしたのに……加害者にはもっと苦しんでほしい」「加害者のために、どれだけの人が職場を離れざるをえなかったか……」なんて考えてしまうこともあるでしょう。しかし、そんな気持ちを加害者にぶつけて、罪悪感や劣等感を与えて変容を迫ることは、それ自体が結局のところケアの姿勢からは遠ざかる関わり方です。そんな方法では職場は何も変わりません。「ケアのある職場」を作る過程で用いるのは、ケア的なコミュニケーションでなければ、それを成し遂げられないからです。

支援する過程で、加害者に対して怒りが湧くのなら、その背景にある自身のニーズを大切にする必要があります。例えば「こんなに真剣に伝えているのに、どうしてわかってくれないんだ」と思う時、そこには無力感や屈辱感、無能感などがあるかもしれません。その痛みや悲しみは、また別の人に愚痴をこぼしたり、弱音を吐いたり、「思わずきつい言葉を言って傷つけてしまいそうになる」と言ってみても良いのです。そうして愚痴をこぼし合いながら、一緒に働けるような職場を共に作っていくことが、ケアの本質だからです。

実際、対人支援の専門家やプロフェッショナルでさえ、上記のような状態になることを「燃え尽き症候群」と呼び、注意を喚起しています。1974年、ハーバート・フロウデンバーガーはバーンアウト症候群と名づけ、その定義を「自分が最善と信じて打ちこんできた仕事、生き方、人間関係などが、まったくの期待はずれに終わったことでもたらされる疲弊や欲求不満の状態」としました。クリスティーナ・マスラックは「長期間にわたり援助活動を行う過程で精神活力を過度に要求されたために起こる、心身の消耗と感情の枯渇を主とする症候群」と定義しています[15]。

典型的な症状としては以下になります。

・消耗しつくした感じ
・ストレス性の身体症状
・感情の枯渇
・自分を疑う
・思いやりが持てない
・人と関わりたくない
・逃げの姿勢
・こだわりが強くなる
・感情のバランスを失う

燃え尽きやすいのは「単なる仕事」だと自分の業務と距離を置けず、使命感や責任感を強く持つ人だと言われています。それ自体は良いことだと言われることも多いと思いますが、一方で私たちは全能の神ではないことを思い出してほしいのです。人は誰もが脆弱で、不完全で、できることには限界がある。変容を支援する側も誰かを

「救う」ことなどできないし、弱い存在であり、愚痴をこぼしながら、弱音を吐きながら、なんとかかんとかやっていくことが大切です。

支援者にはこんなアドバイスが有効です。

・大変な思いをしているんだと周囲にアナウンスしましょう
・積極的に意見を聞いたり、アドバイスをもらいましょう
・責任を分担してもらいましょう

全て、自分一人で抱え込まないということがキーワードです。つまるところ、ケアする職場を作りたいと願うなら、そのチームにもまたケアが必要だということです。ケアを個人の問題とせず、チームや組織という単位で考えることは極めて重要です[16]。

・社外のコミュニティにアクセスして学びや相談ができるようにしておくこと
・一人で支援にあたらずに、チームで相談しながら進める体制を作ること

加害者変容の過程で起こる困難について、加害者と支援者の双方が、それぞれに弱音を吐いたり愚痴をこぼしたりしながらも、「ではもう少し頑張ってみましょう」と応援できるような関わりを続け、なんとかかんとか学びを続けていきましょう。

caring-workplace.comはそのような場を作っています。

プロセス⑥ 変容の成果を喜び合う

学習の成果、練習の成果が出た時は、とても嬉しいものです。補助輪を外して初めて自転車を漕ぎ始める時。英語の勉強をして、今まで読めなかったものが読めたり、聞けなかったものが聞けたり、話せなかったことが話せたり、書けなかったものが書ける時。なにかを身に付けて、それを発揮できる時、その喜びはひとしおです。

加害者がケアを身に付けていくうちに、嬉しいことが起きてきます。例えば、これまでよりも離職率が下がるとか、チームの風通しが良くなるとか、メンバーのモチベーションが上がるとか、あまり意見を出さなかった人が意見を出すようになるとか、これまでだったら加害者が一蹴していたようなアイデアが採用され、成果が上がるなどです。

「**Xさん**、変わりましたね」「働きやすくなりました」「話しやすくなりました」という声が聞かれたり、チームのメンバーに仕事の相談をされることが増えたりして、「こういうコミュニケーションも悪くないものだな」と思えたなら、しめたものです。人は、嬉しいことがおきると、それを続けるようになるからです。

結局、人の考え方というのは、経験によって作られます。そして誰もが環境に適応しようとします。人に親切にすればするほど周りに親切にされる環境なら、人は親切になりますし、親切にしても裏切られる環境なら、親切をやめてしまうでしょう。

そういう意味では、変容に取り組む加害者にとって一番大切なのは、支援する人たちなのです。支援する人が彼らのニーズを軽んじて否定すれば、加害者の「強くあらねば」という根源信念は強化されてしまうし、ニーズを重んじてケアしてくれれば、自らも他者のニーズを知ってケアしよう、となるのです。

こうして成果を実感できるサイクルに入れば、徐々に支援のリソースを減らしても大丈夫でしょう。あとは働きながら回るケアのサイクル、感謝のサイクルによって、自然とモチベーションが続いていくことが予想されるからです。

プロセス⑦ 間違うたびに、学び直す

ただしケアを学んだからといって、今後二度と間違えないし、誰のことも傷つけないということではありません。チームのメンバーが変われば、顧客が変われば、業務範囲が変われば、様々な理由で状況は変わっていきます。また人を傷つけてしまったり、ケアが欠如したコミュニケーションによる加害をしてしまったりする場面もあるかもしれません。しかし、これまでと少し違うのは、それを認めることが、以前より簡単になるだろうということです。

「どうも最近、またうまくいかなくなってきているんだけど、どうしたらいいだろうか」と自分で調べたり、マネージャーや人事に相談することもできるようになっているはずです。**「人は学び変わることができる」「会社は自分に足りない部分があったと**

しても、責めたり罰したり辱めるのではなく、一緒に働けるよう支援してくれる」と安心、信頼しているからです。

この安心感、信頼こそがケアリング・ワークプレイスの正体です。ケアリング・ワークプレイスとは、加害的なコミュニケーションが一切おきない職場ではありません。加害的な怖いコミュニケーションがあった時に、それを認め、学び、変わることができると信じることができる職場なのです。

ボトムアップでつくるケアリング・ワークプレイス

さて、このような加害者の変容は勝手に生じるものではありません。先ほどのプロセスを振り返ってみると以下のようになります。

①「悪意のない加害」を指摘する
②「変わりたい」というニーズを引き出す
③否認・自己憐憫する加害者を否定しない
④学習を支援し、支援者も一緒に学ぶ
⑤弱音を吐ける場を用意する
⑥変容の成果を喜び合う
⑦間違うたびに、学び直す

この中には、明らかに個人で進めることが困難なプロセスが含まれています。加害者の変容を通じてケアリング・ワークプレイスを作るためには、加害者をチームの一員として、組織として支援していく必要があります。

どんな組織なら支援が可能でしょうか。それは「問題がおきた時」ではなく、そもそもケア的な制度や文化を持ち、予防的な取り組みが行われ、問題がおきた時にも適切に対応できるような組織です。そんな職場、ほとんどの人が、見たことありませんよね。5人に1人がハラスメントを見聞きしている現代において、そんな職場は稀有です。ケアリング・ワークプレイスはどこかにあるのではなく、最初から「作り出すもの」と考えたほうが現実的です。

ここからは組織において、「ケアの欠如」をいかに問題視し、「ケアリング」的な組織に変えていくのか、そのプロセスを考えます。始まりはボトムアップ、現場から経営陣へと伝わるようなプロセスを想定します。というのも往々にして経営陣は、上意下達で部下を管理するような「怖い職場」を黙認や是認することも多いからです。

会社の経営陣、特に代表取締役の性格やふるまいは、非常に深いレベルで組織に浸透しているのが普通です。ハラスメントの多い職場の代表が、ハラスメント的な言動を全くしない人、ということが果たしてありえるでしょうか。

大変な努力を重ねて会社を立ち上げ、成長させてきた人や、成果を上げ、昇進し続けて役職に就いた人たちは、基本的に「怖い職場」を作る考え方に親和性が高いのです。でなければそもそも役職に就けないのですから。

しかし、人は学び変わることができます。それは経営陣やマネージャーだってもちろんそうなのです。50代でも60代でも70代でも、人は死ぬまで学び変わることができます。私はこれまで起業家や経営者の変容支援に携わる経験を重ねてきましたから、確信しています。代表や経営者の変容の影響の大きさ、範囲は、計り知れないほど多大です。「会社の姿勢なんて、どうせ変わらないんだから無駄」と思って切り捨ててしまうには、あまりにも勿体ないと思います。

プロセス① アクティブバイスタンダーが被害者に寄り添う

多くの場合、人は困らないとなかなか変われないことを書きました。経営者でもマネージャーでも同様です。困るといっても、攻撃的に追い詰めるというわけではないことに留意してください。

まず、職場で問題状況が続いているところから、話は始まります。

例えば法的にアウトになるハラスメントが行われていて、かつそれが経営者に問題として認識もされていないという状況。このような状況では、耐えられない人は辞めていくでしょうし、辞める時に、状況の説明もしないでしょう。「被害を訴えて最後に変にこじれるのも面倒」と考えるのが普通ですから、健康上の理由、家族の事情、キャリアの見直しとか、当たり障りのない理由をつけて辞めるのです。これは本当に重要な視点ですが、そもそもそれまで**「相手が自分の話を聞いてくれている」「自分を気にかけてくれている」という信頼がなかった場合、辞めるその時に、本当の心情や理由を説明したりするわけがないのです。**当然、攻撃されたり、軽んじられるとわかっている場合も言いません。

よく辞意を告げられたマネージャーが「どうしてもっと早く言ってくれなかったんだ」と言うことがありますが、これは責任転嫁です。「もっと早い段階で共有してもらえなかったのはなぜだろう、どうすればよかったんだろうか？」と自身に問うことが必要です。加えて「この程度で辞めるとか言うようなら、この先どこでも働けない」とか「そんな無能を拾ってやったんだから、会社に尽くすしかないはずだ」とか「採用にいくらかけたと思ってるんだ」「まともに仕事もせずに辞めるなんて馬鹿か？」と、ひどく傷つけながら、かつ仕事を辞めないように強要するマネージャーの話も聞きます。「最近の人はすぐ辞める」とか「また人がいなくなって迷惑だ」といった認識なのでしょう。こんなふうに、被害者に問題の責任を転嫁しても、いいことはひとつもないのですが……。

　辞めずに耐え続けてきた人にもいつか限界が訪れます。心身に不調をきたしたり、仕事へのモチベーションや効率が著しく低下したり。いよいよ誰かが声を上げなければなりません。

　その声を上げるのは、直接の被害者かもしれないし、様子を見ていた同僚、あるいは別のチームのマネージャーかもしれません。経営者が自ら「何かおかしい」と気付くことは少ないので、その声は重要です。**もちろん傷つけられた被害者自身が声を上げた場合、丁寧にその声が聞かれるべきです。しかし被害者に告発の労を期待するのではなく、「第三者」にできることが多くあることも、ここで強調したいと思います。**

　傷つける人の言動や、傷つけられている人の存在に気付いた第三者は、まずどうするか。実際、本当に多くの人がこの問題に悩んでいるのではないでしょうか。ハラスメントを見聞きしているという「５人に１人」の人たちは、おそらくそのたびに「助けてあげられず申し訳ない……」という罪悪感や無力感を味わっているのではないでしょうか。

人を病ませる原因の1つに、こういった罪悪感や無力感があると私は考えます。

「人が傷つけられているのを見るのが辛い」というだけでなく、それに対して「自分がなにもできないこと」が、恥ずかしかったり、苦しかったりして、心を病む、退職するという人はたくさんいるのです。

加害的なコミュニケーションが被害者と周囲の人に及ぼす影響についての研究があります。オンラインゲームのコミュニティで、暴言の影響を調べたところ、

・暴言を吐かれた人は、処理能力が61%、創造性が58%下がった

・自分が参加するグループに対して暴言を吐かれた人は、処理能力が33%、創造性が39%下がった

・他人が暴言を吐かれるのを目撃した人も、処理能力が25%、創造性が45%下がった

という結果がえられたのです[17]。暴言がいかにチームのパフォーマンスを下げるかは一目瞭然ですが、それ以上に重要なのは「暴言を吐かれるのを目撃した人」もそのパフォーマンスが落ちることにあります。

同様に、「ゴミ」と呼ばれたり「お前なんか生まれてこなければ良かった」といった暴言虐待を受けて育つと、脳の特定の部位のサイズや機能に影響を与え、人の話を聞いたり会話する際に、暴言虐待を受けていない人よりも、負荷を感じ、聴覚・知能・理解力の発達にも悪影響を及ぼすことが明らかになっています。

また、夫婦間のＤＶを目撃させる行為（面前ＤＶ、ＤＶ暴露などと呼ばれる）も、知能や語彙理解力に悪影響を与え、しかも殴る・蹴るのような身体的ＤＶよりも言葉による暴力のほうが、６倍ものダメージを脳に与えることが示されています[18]。

このように、暴言は物理的な暴力より矮小化されて理解されがちですが、身体的変化まで及ぼすほどの暴力であることははっきりと強調する必要があります。

「怖い職場」には愛着を持つことが難しいですから、人も辞めやすく、その分採用コストと育成コストがかさみ続け、それが報酬などにネガティブに作用し、ますます職場の魅力が減っていくという悪循環が続いていくことも見過ごせません。

自分が直接被害を受けているわけではないけれど、そんな状況をなんとかしたい……と行動する人たちをアクティブバイスタンダー（active bystander）と呼びます。バイスタンダーというのは傍観者とか、その場に居合わせた人という意味があります。そこにアクティブという言葉がつくと、積極的にその状況に関わるというニュアンスです。

アクティブバイスタンダーは、暴力が行われる場面において、5Dという5つのアクションで、被害を軽減しよう、被

アクティブバイスタンダーができる5つの行動

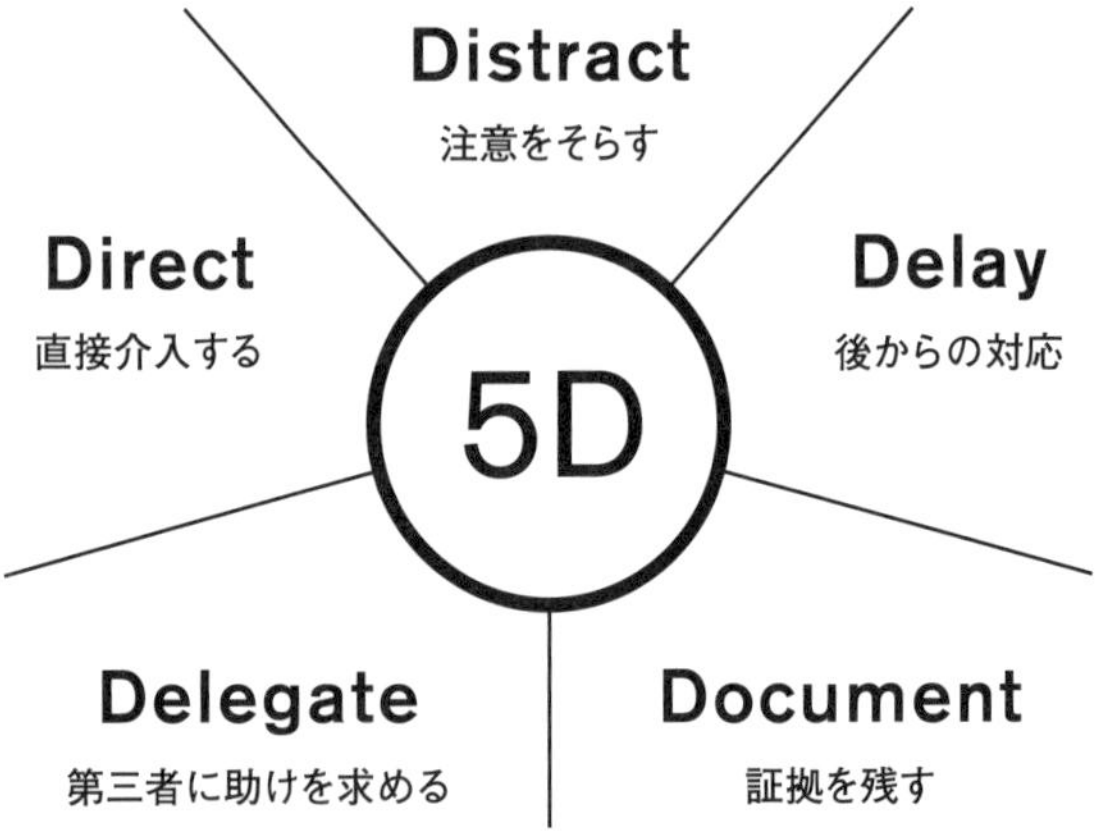

害者を支援しようとして介入します。これはあらゆる暴力、痴漢や差別に対して対抗するための概念で、「職場」にも応用できる考え方です。

Distract　注意をそらす

加害者の注意を別のことに向けさせるという方法が、Distractです。例えば法的なパワハラとは言えなさそうでも、ネチネチと長時間指導していたり、嫌な言葉を投げかけたり、馬鹿にしたり、人格を否定するような悪口を言うのを耳にした場面など、自分が「その場にいたくない……」と感じる嫌な雰囲気がきっかけになります。その加害を中断させるために、「急な仕事のアポイントが必要になった」とか、「どうしても今見てほしい資料がある」とか、例えばそんな形で加害者の注意を別の方向に向けるのです。

一見小さなことのように見えますが、案外、怒ったり責めたりしている人は、その言動のやめ時を見失っている場合も少なくないので、気をそらせることによって加害

を終わらせてしまえることはよくあります。

勇気の必要なことではありますが、状況によってはある程度可能なこともあると思います。もちろんこれは応急処置的なものであり、抜本的な解決にはならないかもしれません。しかし、他の手法と重ねることで大きな変化を生むこともありますし、傷つけられている被害者に「自分を気遣ってくれる人がいる」というメッセージが伝えられるだけでも、小さなケアになります。

Delay　後からの対応

被害がおきてしまった後、「傷つけられた人に声をかけ、気持ちを聞いたり、気遣ったりすること」がDelayです。

加害者が権力的に上位にあって、介入すれば自身にも被害が及ぶなどの場合、その場で介入したり、止めたりするのが困難になるでしょう。そもそも加害者は職場での上位下位をはっきりとさせることを目的に言動していることも多く、被害者だけでなく第三者にとって脅威であることは珍しくありません。

そのような状況の中でできるのが、**後から「何もできなくてごめんなさい、でも本当にあれは嫌だったよね。きつい言い方だったと思う」と伝え、被害者に「自分の痛みをわかってくれる人がいる」「心配してくれる人がいる」と伝えることです。**

もちろんこれも抜本的な解決策ではありませんが、「止められなかった……」と無力感を感じて苦しむ人にも、後からできる方法です。

Document　証拠を残す

メモを残したり、その場を撮影したり、録音したりするなどして、日時や場所や具体的な言動を記録しておくのがDocumentです。ここからはより直接的で抜本的なアクションです。

実際、**加害的な言動をする人は、自分の声の録音を聞くと狼狽します。こんなに嫌な言い方をしていたのか、こんなにひどい言葉を使っていたのか、と驚くのです。**人は、想像以上に自分が言ったことは忘れてしまう、しかし言われた側は長く記憶して苦しむということがはっきりとわかります。

証拠がないまま指摘をして、より上位のマネージャー、人事や経営者などと話し合うことになったとしても、加害者は「あくまで指導の一環であった」とか、「コミュニケーションの1つで正当だった」「それほどひどいものではなかった」と言い逃れすることもあります。

特にコミュニケーションにおける加害・暴力は、業務上横領などの犯罪行為と比べて判断基準が不明瞭で、そのほとんどがグレーゾーンに存在します。仮に「加害的」であったと認知されても、それが矮小化、過小評価されやすいため、証拠を残すことは極めて重要です。

被害者自身が、証拠を記録することは困難です。第三者であればデータを取るためのちょっとした動作などもあまり不審がられないでしょう。その場で直接的に介入できなくても、証拠を残しておくだけで後から役に立つことはあります。

少しずつ「今の職場っておかしいよね」「このままだといられないよね」という認

識を作り、証拠を記録していくことで、さらに一歩ずつ話を進めていくことができます。続けて５Ｄの残り２つです。

Delegate　第三者に助けを求める

証拠は、ただ取るだけでは意味がありません。権限を持った第三者に渡す必要があります。方法は匿名でも、実名でも構いません。逆に、**情報を受けたいと考える人事などの立場の人は、匿名で情報を受け取ることができるような仕組みを作っておくべきでしょう。**

証拠を渡す人をどのように選ぶかは非常に難しい問題ですが、人事や、加害者を管理・評価する上位者など、加害者に何らかの形で直接影響を及ぼすことのできる人が候補になります。社内に適切な人が見当たらないと判断する場合は、外部に助けを求めることもできます。巻末に外部相談窓口を記載したほか厚生労働省のホームページでも最新の情報がえられますのでぜひご覧ください[19]。

もし被害者とコミュニケーションが可能なら、証拠をどう使うか本人の意向に任せてもいいでしょう。証拠を手渡すことで、被害者の助けになることもあります。匿名で渡す方法もあります。

ここで組織として重要なことは、社内でこういった証拠を受け取った場合に、どう対応するかということです。第三者がそのようなデータを持ってくるということは、その職場・現場はかなりケアが欠如した「怖い職場」です。加害が頻回でなければ、記録の必要があると感じることは、まずないからです。

時には、コミュニケーションに不適切な言動が混じることもあるでしょう。全くない職場はありえないと思います。しかし1度や2度で証拠を記録する人はいません。証拠が共有される時点で、ひどく危険な状態になっていることを、速やかに認識する必要があります。

といっても、すぐに動き出せば問題が解決するというわけではありませんから、拙速に加害したであろう人を責めたり、攻撃する場を設けるのは控え、対応策を検討します。

またこのタイミングで、告発の声を軽んじたり、逆に「加害者は仕事ができる。文句があるなら被害者が辞めたらいい」などと伝えれば、職場の退職者は間違いなく増えます。声が聴かれない職場に居続けたい人はいません。被害者だけでなく、自分も大切にされないだろうことが容易に想像できるからです。

加害者がどんなに仕事ができたとしても、結果として何人もの退職者を生み、採用コストや教育コストが無駄になり続けることが本当に効率が良いのかは、実際のところ疑問です。加害者が変容し、より多くの人と働けるようになるのが、最も効率的ではないでしょうか。

Direct 直接介入する

5Dの最後は直接介入です。これはアクティブバイスタンダー、すなわち被害者ではない人が行うアクションとしては最も直接的なものになります。

「その言い方はひどいんじゃないですか」「マネージャーにも問題があると思いま

す」「一度落ち着いて、ミーティングをしませんか」など、コミュニケーションの問題を指摘したり、不当な扱いを否定したり、関わりを中断させて別の機会を設けたりするようなことがそれにあたります。

職場でこれをするのはかなり勇気が必要ですが、**言葉を選びながら、はっきりと伝えることで状況が変化することもあるかもしれません。実際、加害者が最も恐れていることは、叛逆されることなのです。**周囲から一斉に非難されると一転、大きく狼狽して、気に病むケースも少なくありません。「悪意がない」という場合はなおさら、指摘に深く傷ついてしまうのです。

このような場合には、できるだけ単独ではなく、事前に複数人で示し合わせて止めに入る準備をしておくことが重要です。といっても簡単ではないのですが、それでも一人でやるよりはずっと気がラクになると思います。

多くの職場では、加害者はある程度、「あの人のせいで空気が悪くなる」「はやく異動になってくれるといいのに」というふうに共通認識を持たれています。「今度、ああいう空気になったら、皆で止めに入りましょう」と心の準備をしておいて、直接介入に踏み切るということも選択肢としてはありえます。できることなら事前に、より上位の人に相談しておいたり、人事に相談しておくことも良いでしょう。5Dの中でも最も勇気が必要なものではありますが、同時に大きな効果も期待されるものです。他のものと組み合わせて用いることも可能でしょう。

プロセス②　組織的なケアの具体例を作る

しかしこの段階では、問題を認識しているのは小人数で組織的な取り組みには至っていません。被害を訴えたその後、会社が適切に問題を認識し、加害者に変容を求めた場合、加害者個人はプロセス①〜⑦のように変容していくわけですが、それで、めでたしめでたし、ではないことは、ここまで読んでくださったあなたにはわかるでしょう。加害者個人とは別に、組織が変わることこそ、加害と被害を繰り返さないために重要だからです。

重要なことは、経営者や人事でなくても「どんな職場にしたいか」を考えて、実際に取り組んでいくことです。

例えば、最近はビジョン・ミッションの次に「バリュー」を作ろうという動きがあります。バリューというのは、働く中で大事にしたい価値観を意味しています。これなら、全社的に取り組むのではなくても、ひとまずチームの中で作ってみることができます。

バリューの設計については別に1冊の本が書けるほどですが、要するにチームのメンバーがなにを大切にしているのか、なにを大切にしたいのか、どんな時にモチベーションが下がるのか、どんな時に嬉しくなるのか、そういった感情や感覚も大事にしながら、ルールを作っていくということです。

例えば、ケアリング・ワークプレイスを作るために「相談しやすいチームになる」というバリューに皆が合意した場合、それを実効的にするために、月に1度は相談する時間を実際に作る、といった具合です。加害者の問題として解決するのではなくて、あくまで組織全体、全員がケアの文化を学んで制度を作っていくのです。

そして、こういった事例が具体的に生まれてきたら、前後の変化を効果測定したり、成果物を社内でシェアしていくと良いでしょう。「私たちのチームはこんな取り組みをしています！」と発信することで、他のチームでも共感して取り入れたいという人たちも出てくるかもしれません。そうして少しずつ会社の中の雰囲気を動かしていくことができます。

ここで大切なのは、**組織全体のメリット、効果や成果を発信していくことです。被害者とその周囲の人の動機や熱量は重要ですが、それだけでは同じ環境や状況を共有した人たちしか巻き込むことができません。**

できれば人事やさらに上位のマネージャーなど、多様な視点を持った人を巻き込みながら、少しずつ問題意識を共有できる人を増やしていくと、実際に会社を動かすプロジェクトになります。経営陣や人事を「追及・攻撃対象」として敵対するのではなく、あくまで「この会社で一緒にやっていきたいからこそ、ケアリング・ワークプレイスを一緒に目指したい」というスタンスで動いてみてください。

なかなか協力者がえられなかったり、成果が上がらなかったりして、絶望して会社を辞めたくなる時もあると思います。どんな立場にある人でも、この本を手に取っていただいた時点で問題意識は明確にある方だろうと思いますが、問題を解決しようと思うほど、その困難さや広範さ、組織の制度、文化、経営や組織戦略などがわかってきて、とても個人では解決できないと感じられるはずです。

だから1人で頑張りすぎて倒れないよう、ぜひチームを作ってみていただけたらと思います。この本を回し読みしてもらってもいいです。「今の職場って、ちょっとしんどい」と感じる人たちで「なにかできることがないか？」と考えることで、勇気が湧いてくるはずです。

ただ、できる範囲のことをできる範囲で取り組んで、どうしてもだめなら、会社を辞める選択肢があることは、どうか忘れないでください。究極のところ、会社は本当に困るまでなかなか問題を認められず、辞めていく人に問題の責任を見出すことがよくあるからです。会社が大きな変化を選ぶのは、大量に人が辞めた後であることが多いのは、自然なことです。

繰り返し述べたいのは、**このような変化は勇気ある誰かを必要とすること、そしてその勇気を受け止める職場の度量が必要だということです。**通常、この両方が揃うことはなかなかありませんから、世間にはグレーゾーンも含めた「ハラスメント」が蔓延しています。裏を返せば、**ケアリング・ワークプレイスが作れれば、組織として大きな競争優位性をえられるということでもあります。**

プロセス③ ビジネス・メリットを共有する

ここまでくると、どんなに鈍感な経営陣でも、変化を明確に感じ始めます。人によっては変化を嬉しく思うでしょうし、人によっては嫌がることもあると思います。特にたたき上げで会社の文化を許容・強化しながら成果を上げてきた人は、ケアを前提としたコミュニケーションやマネジメントの方法は「甘い」とか「仕事を舐めてる」と感じてしまうことがあります。

ですから発信の時には、できるだけ具体的な「ビジネスにとっての価値」を明らかにすることが必要です。売上などの数字だけではなく、例えば退職率や、顧客満足度、職場の満足度なども含めて多角的に評価していく必要があります。

そもそも経営陣が組織の問題に薄々気付いていて、なんとかしたいと思っているケースでは、もっと好意的に受け止められる可能性もあります。その場合、ボトムアップで問題を具体的に示す社員がいることはとてもありがたく、頼もしいことです。ただしその場合も、他の経営陣を巻き込んでいく必要があるので、実利的なデータがあると説得しやすくなります。逆に、経営陣は問題を認識しているけれど、社員の誰も当事者意識を持っていないという場面においては、これまでのようなプロセスを経営陣自らが始めていく必要があります。

トップダウンでつくるケアリング・ワークプレイス

経営者起点でケアリング・ワークプレイスを作る場合に気をつけるべきことは、「一方通行」で行わないことです。**トップダウンの手法は、外からはダイナミックで、**

効果的な変化に見えることもありますが、実際には現場の声が置き去りにされることが少なくありません。というより、構造的に、置き去りになりやすいのです。現場にいる人とそうでない人では、問題を見る解像度が違います。必ずしも現場が「正しい」わけではないにせよ、現場の認識と全く異なるトップダウンの施策をされると「結局、上は何もわかっていない」「わかってないくせに適当に手を出されるのが一番困る」と冷笑的に受け取られてしまったりもします。そもそもそうやって「現場の声も聞かずに、思いつきで他者を変えようとするふるまい」こそがケアが欠如した関係性を作ってしまっているかもしれない、と考えてみることが重要です。

もちろん、経営者がアンテナを立てて情報を収集することで見えてくるもの、新たな視座、より良い組織体制のアイデアはたくさんあります。

実は現場の声がちゃんと聞こえるような仕組みや制度や文化を作っていくことも、同じくらい重要で役に立つということが最近よく言われています。日本ではアメーバ経営と言われたり、最近だとティール組織という言葉や、学習する組織といったコンセプトでもよく語られているところだと思います。

トップダウンの施策とボトムアップの施策は、最終的には相補的に機能するものです。ボトムアップで始めたことであってもトップを巻き込んでいく必要はあるし、トップダウンで始めた場合であっても、社員を巻き込むことなしには実効性がありません。

プロセス① 「私たち」のニーズを聞き取る

組織を新しく作り上げていく時に一番大切なことはなんでしょうか。それは「自分たちのニーズ」を明らかにすることです。この世界のあらゆる営みが、究極的にはニーズをケアするために存在しているとすれば、組織もまたなにかのニーズをケアする存在です。それは決して自明なことではありません。よく「会社は利益追求を目的として存在する」と説明されることがありますが、ケアリングの視点から見てみれば、説明が不十分であることは明らかです。

なぜなら、人のニーズは利益、つまりお金だけではないからです。人には様々なニーズがあります。社会的ステータスのために頑張る人もいれば、専門性を発揮して追求することに関心を持つ人、誰かとコラボレーションする喜びを感じたい人、生活の豊かさを大切にしたい人など様々です。組織が利益のためのみに存在すると考える時、あまりに多くの人のニーズを無視することになるでしょう。これは想像以上に重要な論点です。

例えば「専門性を磨くことが好き」「もっと優れた技術で自己実現したい」というニーズを大切にしようと思ったら、採算効率は悪いけれど、基礎研究にリソースを割いたほうが良いかもしれません。

あるいは「顧客に丁寧に向き合って感謝してもらえるような仕事がしたい」「人が喜ぶ姿が見たい」というニーズに答えるなら、接客をデジタル技術に移行しすぎないようにしたり、それで人件費がペイできるくらいの高付加価値サービスやプロダクトを生み出す必要があるでしょう。

どんなニーズを満たしたいかによって、組織が選択する戦略を変える必要があります。また「誰のニーズ」かも重要です。株主のニーズ、経営陣のニーズ、社員のニー

ズ、顧客のニーズ、社会のニーズ、様々な主体を考えることができるはずです。

「私たち」とは誰か。多くの人は概ね社員、同僚を想定するでしょう。しかし、株主は会社の資本を所有している株主や一部の経営者を想定しているかもしれません。パートナー企業との水平な関係を持ちたい企業は、「私たち」に契約関係にある企業を含むかもしれませんし、地球環境に目を向けたら「私たち」に地球や自然を含めるかもしれません。

これらを広くステークホルダーと呼ぶとしたら、実に幅広く、多様で、時に競合もするようなニーズがあり、私たちとは誰か、誰のニーズを重視するのかを考える必要があるのです。これが、組織開発を進める一番最初の問いかけになるでしょう。

- **私たちのニーズは、何か？**
- **私たちとは、誰か？**

ここから全てが始まります。仮決めして、またこの議論に戻ってきても構いません。

範囲を決めたら、できるだけ多くの人たちとニーズを共有します。最終的に尊重できるかどうかは別として、まずは広く集めるのです。ボトムアップで話が進んできた場合は、ニーズはかなり収集できている可能性があります。その意味でも、ボトムアップでの施策がすでに始まっている場合は、組織を変える推進力になります。

とはいえ必ずしも全員の意見を反映しているとは限りません。全社アンケートやワークショップなどの方法で、ニーズを調査します。このための委員会やプロジェクトを立ち上げ、メンバーを召集するのも有効です。この時、マネージャーや経営陣が直接リソースを割いて、プロジェクトの意義や会社としての優先度をはっきりと示すと、実効性を高められます。

そして、この時点で、ケアのコミュニケーションが必要になります。**よくあるのは「なんでも素直に思ってることを言ってみて」と言っておきながら、反対意見をマイナス評価したり、ニーズを聞いても「文句ばかり言って、現場は経営目線が全くない」と怒ってしまったりするようなケースです。**そんなことをした瞬間に、もう「声を聞く」ことはできなくなります。ニーズを聞けない組織は悲惨です。根本的な方向性を考えるための視点が最初からえられないのですから、いずれ関係は終了し、組織としてのパフォーマンスも落ちていくでしょう。

プロセス② ビジョン・ミッション・パーパスを共に策定する

多くの人の声を聞き集めるだけでは意味がありません。それらを踏まえて、なにを大切にし、なにを諦めるのか、誰のニーズを重視し、誰のニーズは重視しないのか、方針を決める必要があります。玉虫色に、全ての人を喜ばせることは不可能です。リソースが有限である限り、全てのニーズをケアすることはできません。

このように書くと、競争的な価値観が生き残るように感じられるかもしれませんが、そんなことは全くありません。例えば、顧客やチームを第一にして、売上至上主義から変わろうとする組織があるとします。その組織は全ての社員から喜ばれるでしょうか？　この方向性に驚き、そんなところでは仕事をしたくない、と退職する人が必ず出てきます。その人にとっては、売上を大きく伸ばし、少しでも大きな顧客を獲得することにやりがいや情熱を感じていたからです。新しい組織では自分のニーズが大切にされないと悲しく思い、尊重されない痛みを感じながら、違う道を選ぶ可能性があります。

組織を変える時は、今までの組織に満足していた人たちの一部が間違いなく、新しい方向性に失望し、組織を離れるのです。これは、避けることのできない事実です。

もちろん、できるだけ多くの人が組織の中で活躍したり、方向性に共感してパフォーマンスを発揮できることは素晴らしいことですが、リソースが有限である限り、全員には不可能です。その可能性を引き受けた上で相互にニーズをケアし合うような関係を大切にすること、それができない関係は終了して良いこと、自ら関係を選べるような支援をすることも、他者と関わる責任です。

むしろ「あなたのニーズもいつか尊重するから、もう少し待ってて」といたずらに期待をさせて、いつまでもケアをしない状態のほうがはるかに暴力的です。一見優しいように見えても、痛みを長引かせているという点で、安易に優しさと呼んではいけないのです。

さて、方向性を全体にシェアし、共有・浸透させていくために必要なのが、ビジョンやミッション、パーパスです。これらは実際の事業ではなく、組織の目指す大きな方向性、願う世界、社会で果たす役割や存在理由です。**経営理念なども同様で、「私たちは、こんなニーズを重視し、ケアしたいと考えます」という決意表明です。**

この言葉を決めて浸透させていく場面においても、対話的なコミュニケーションが重要です。ニーズを吸い上げた後、決定事項としていきなり投げかけるのではなく、仮案・叩き台として共有して改善するのです。

私たちは、**意思決定に携わったもの以外については他人事だと感じてしまうものです。誰かが勝手に決めたものに愛着を持ちづらく、形式的に従っても、本当の意味で大切にできません。**大変な手間とコストにはなりますが、「完成していない状態での共有とフィードバック」を繰り返して進めていくことを強く推奨します。

組織心理学の有名な研究プロジェクトの１つにHarwood Researchがあります[20]。ハーウッド・マニュファクチャリングは家族経営の繊維会社で、１９３０年代後半からその後40年にわたって、行動科学と職場革新における数々の実験の場となったことで有名です。その実験の１つに、工場のプロセスを変える際にグループを以下の３つに分けたものがありました。

- **無参加グループ　プロセスを詳細に伝えられてその通りにやるように言われる**
- **全面参加グループ　問題点から考え、解決策を考え、それを実施するように言われる**
- **代理参加グループ　プロセスを詳細に伝えられ、代表を通じて懸念や改善策を表明できる**

結果はご想像の通り、無参加グループは不満を示し、プロセスを忠実に取り組もうとしませんでしたが、全面参加グループは満足度が高く、変化に割くリソースも大きく、主体的に関わりました。代理参加グループは無参加グループと同様で、形だけの「参加」にはあまり効果がなく、実質的な参加が重要だということが示されました。

従業員参加（Employee Participation）とは、組織やビジネスの意思決定に従業員

が積極的に関わることです。生産性、意思決定のクオリティの向上、退職者の減少、創造性の向上に繋がるとされています。具体的な手法としては以下が代表的です[21]。

- **オープンドア　いつでも、どんなことでもマネージャーに共有できる文化・仕組み**
- **意見箱　匿名もＯＫな形で、アイデアや提案や疑問や懸念を共有できる制度**
- **サーベイ　アンケートなどで多くの人から意見・フィードバックをえられる**
- **フォーカスグループ　少人数グループを使って集中的に意見を聞く**
- **コミッティー　委員会を立ち上げて上位の意思決定プロジェクトに影響する**

これらの方法で参加のプロセスを往復し、単回で終わるのではなく定期的にそれを繰り返すことで「声が聞かれる」ことの実感を持たせることが重要です。それが文化になっていきます。

個別の制度や仕組みではなく、全体を支えるような考え方が肝です。この文化が制度やその運用を通して共有されることで、組織全体としての信念が醸成されていきます。

プロセス③ 戦略・事業・サービス・プロダクト・マーケティングを見直す

ケアする対象やそのニーズがはっきりすれば、ケアの具体的な方法、戦略や事業が考えられます。ケアリング・ワークプレイスを作るために、戦略や事業まで見直すと聞くと驚くかもしれません。しかし、**職場の根本的な文化や考え方を問い直すことを通して、戦略、事業、サービス、プロダクトが変わることは自然なことです。**

例えばウェブサイトの制作会社をイメージしてみましょう。元々は利益を主たる目的として活動していたのですが、組織開発の必要性を感じて、改めてニーズを整理してみると、特定の業界への関心が高く、その業界知識や業界のネットワークをもっと活かせるよう特化したほうが良いということがわかるかもしれません。また、社員は能力開発への動機が強く、もっと価値提供の幅を広げたいと思っているかもしれません。ウェブサイトを作るだけではなく、サービスやプロダクトの開発支援にも取り組みたいということが見えてくるかもしれません。そうなると、企業としてのサービスやマーケティング施策も変わってくるでしょう。もしサービスやプロダクトの開発支援にも取り組むなら、それらがちゃんと売れるよう、広告まで支援する機能を持とうとするかもしれません。

もちろんいきなり手を広げてうまくいくとは限りません。まずは特定の業界に絞って、競合規定に違反しないように気をつけながら、安価で広告運用まで行うようにするのも良いでしょう。どんなサービスや商品が売れやすいのかが見えてくれば、その知見に基づいてサービスやプロダクトの開発支援ができるかもしれません。あまりにも簡略化したストーリーですが、こんなふうにビジョンやニーズを明確にすることによって、事業やサービス開発にも展開するのです。

より社会志向な文脈で言えば、アウトドアアパレルとギアの製造・販売を手がけるアメリカの企業・パタゴニア社はそのパーパスの追求という点で他に類を見ないほど、よく知られています[22]。パタゴニア社のミッションは「故郷である地球を救うためにビジネスを営む」ことです。

創業者イヴォン・シュイナード氏が同社の全株式（約4300億円）相当を環境危機対策に取り組むNPOと信託に譲渡したことでも知られています。「自然から価値あるものを収奪して投資家の富に変えるのではなく、パタゴニアが生み出す富をすべての富の源を守るために使用する」ことを目指しています。

彼は「地球が私たちの唯一の株主」とまで述べ、そのニーズのケアを目指して、消費者に製品を長く使ってもらうための修理サービスを提供したり、製品の再生やリサイクルを行ったり、従業員がボランティア活動に参加することを奨励する制度を設けたり、2011年のブラックフライデー（毎年行われる大安売りのセール）に「Don't Buy This Jacket」というキャンペーンを行い、消費者に必要以上のものを購入しないように呼びかけたり……。

もちろん、これらはマーケティングでもあります。同じように地球環境を大切にしたいというニーズを持つ多くの顧客にとって、これほど自分のニーズがケアされていると感じる企業はないはずです。非常に強い愛着と信頼を抱かせることで、顧客との長期的な接点を持つことができます。

このように極端なほど、「ケアする」と決めてニーズに向き合う企業であっても、組織の変遷の中では折り合いがつかず辞めていった社員もいることでしょう。社内の制度や評価制度も必然的に変わったはずです。戦略と組織は連動しているのです。

プロセス④　ケアを人事制度に落とし込む

ビジョン、戦略や事業が見えてきたら、改めてケアリング・ワークプレイスを作る組織の制度設計の議論を始めます。

経営計画は、大きく事業計画と組織計画に分けて考えます。事業計画はなにをどのように進めていくのかという問いに答え、組織計画はそれを実行するためにどのような部門にどんな人がどのくらい必要かという問いに答えるものです。

経営計画

- **事業計画：ビジョンや戦略に基づいて中長期の計画を立てる**
- **組織計画：戦略実現に必要な組織・人材要件や組織文化の計画を立てる**

経営計画がある程度見えていれば、いつまでになにが必要なのかという目標が見えてくるはずです。それは事業計画ならば成果目標（ＫＰＩなど）、組織計画からは能力目標や役割行動目標という形で表れます。それに基づいて、人事制度を考えることができます。

人事制度

・目標　人事計画から成果目標、人材要件から能力目標、組織文化から役割行動目標を作る

・評価　それぞれの成果・能力・役割行動目標を反映した評価制度を作る

・改善　評価に応じた育成・処遇制度などを作る

併せて人事の役割を見てましょう。様々な切り口がありますが、一般に人事の役割は次のように整理されます。

- 評価
- 報酬
- 代謝
- 配置
- 育成
- 採用

成果目標

成果目標は言わずもがな、あらゆる職場で当然に用いられている数字目標です。売上、利益率、シェア率、顧客数、チャーンレートなど、具体的な数字として明確に落ちてくる目標ですが、ケアリング・ワークプレイスを目指す際は、以下に注意を払う必要があるでしょう。

まず、**あまりにも高い目標設定は、避けるべきだということです。高すぎる目標に**

振り回されて、社員が心身を壊したり、社員の不正行為を招く組織はよくあります。

企業として高い目標を持つことは必ずしも悪いことではありませんが、持続不可能な目標を立てることは無意味です。特に、心身の健康やライフキャリアという観点で見た時に、社員のニーズのケアが不可能なレベルの業務をこなさなければ達成できない目標設計は避けるべきです。実現可能な戦略や戦術をきちんと提示する必要があります。

また、その目標に応じることで、最終的に会社がどんな価値を生み出すのかについてもはっきりと説明する必要があるでしょう。誰のどんなニーズをケアすることができるのか、社会にどんな影響を及ぼすのか、働く意義を見出せるような目標を示す必要があります。

加えて、利益が生まれた際にどのように分配されるのかについても、透明性を持って伝える必要があるでしょう。アメリカなどでは役員報酬が数十億にのぼり、社員の報酬とひどく乖離するケースもあります。報酬が「高すぎる」かどうかは、会社の構成員がどのように考えるのかで決定しますから、一概に数字だけを見て判断することはできません。しかし、等級制度や報酬制度などの透明性、成果目標の先にある社員への還元をはっきりと伝えることが重要です。

能力目標

能力目標とは、会社が目指すビジョンと成果目標のためにどんな組織が必要で、そのためにはどんな能力を持った人材が必要か、という企業が社員に求めるニーズの表現です。例えば戦略に基づいて考えた時には、5年後にこんな部門を作る必要があって、そこには100人ほどが関わるのでマネージャーが何人必要で、となるとその前にこんなスキルを持った人が何人必要だ、というようなイメージです。これは採用活動にも関わる部分です。

会社と社員は相互にニーズを知ろうとし、ケアしようとする関係にありますが、力関係としてはどうしても会社が個人より強くなります。しかし、会社は社員がいないと成り立たず、社員にニーズをケアしてもらうような関係にあることは間違いありません。これは労働人口が多く、買い手市場の時には忘れられてしまうことの多い価値観です。「代わりはいくらでもいる」という時代には、会社は自分たちのニーズを忘れて、ゆえに労働者にケアされていることも忘れて、一方的にケアしているかのようにふるまってしまうものです。日本では業界別労働組合のような形で労働者が連携することが少ないため、まずは会社が社員のニーズをケアすることが重要です。

社員は会社のニーズを知って、それに応じるスキルを身に付けることを期待されます。専門性を磨きたい人と、マネージャーとして能力を高めたい人との間で、社員側のニーズに差異が出てくることもあります。マネジメント能力を強いニーズとして持つ企業もあれば、スペシャリストのパスを用意する企業もあるでしょう。能力目標を見ただけで「ここは自分のような人間を必要としていない」と感じて退職する人もいるかもしれません。**掬い取りたいニーズであれば大事にしたほうが良いし、逆に明確な目的や覚悟を持っているのであれば、それは避けることのできないこととして認め、受け入れる必要があります。**

役割行動目標

能力と行動を分けない立場もありますが、私はわかりやすいように分けてみます。

役割行動とは、企業文化を作るために推奨される行動のことです。

役割行動目標は、例えば「自分が得た知識や経験をできるだけ多くの人にシェアしているか」とか「他の人が困っている時に、何かできることはないか声をかけているか」とか「締め切りギリギリまでクオリティを高めることに尽力しているか」といった、行動に関わる目標です。

能力目標が成果物や業務のアウトプットに直結するとしたら、役割行動目標はそれに関わる行動水準です。仮に成果物は十分満足できるものだったとしても、プロセスに関わる部分で、企業が求めていないふるまいをして、企業文化を乱す人を判断できるようにするためにあります。

例えば仕事ができても、いつも遅刻したり、打ち合わせをサボったりしている人はチームの規範意識ややる気を削ぐかもしれません。仕事ができても、これみよがしなため息をついて人を傷つけたり、人格を否定するような人は危険です。**成果目標や能力目標だけでは見えてこない仕事のプロセスへの関わり方を目標に定め、評価の対象とするということです。この役割行動目標にケアを前提にした言動を表すことで、ケアリング・ワークプレイスに近づくことができるでしょう。**

プロセス⑤　３６０度評価を取り入れる

続いて、評価制度について考えていきましょう。ケアリング・ワークプレイスを作るために最も重要なのが、評価軸と、評価方法を改めることです。

リクルートワークス研究所の調査によれば、ハラスメントを抑制するためには、３６０度評価とその結果の適切なフィードバック、役員がポリシーを発信する、アンケートなどでハラスメントを見える化する、などが有効だと提言されています[1]。

評価軸を改める意図は、成果目標や能力目標に照らした数字だけで測れない評価をするためです。「怖い職場」を作る加害的な人は往々にして、成果目標や能力目標で高く評価されることがあります。従来の評価制度では、そんな人たちが上位に昇進していくのを止められません。「まあ数字で結果も出しているし、いいんじゃないか？」という評価では、「怖い職場」が生まれてしまうのです。もちろん従来の評価軸に価値がないわけではありません。努力を重ねて成果を上げることは、決して間違っていることではないからです。それらの評価軸をなくす必要はありません。

しかし、追加すべき評価軸があるということです。それが役割行動目標に照らして、ケアを前提にしたコミュニケーションをしているか、という評価軸です。それは多くの場合、マネージャーになる前からはっきりわかっていることでもあります。「あの人は仕事はできるけど、どうも口が悪い」「不平不満ばかり言って、人や環境のせいにしてばかり」「あんなきつい人が上司になったら嫌」と思われるような人たちです。

そのように聞くと「個人の相性の問題や、感覚や印象の話は、評価基準として不適切ではないか」と考える人もいるかもしれません。その人は、評価という概念についてナイーブなのだと思います。**評価は「客観的であるべき」という考えはよく理解できますが、その目的は公正さだったことを忘れてはいけません。**客観的であること自体に価値があるのではなく、公正さと納得に繋がるから意味があるのです。職場ではこれがひっくり返ってしまうことがあります。「客観的でないといけないから、客観的に評価できる項目だけを見よう」というのは本質的でしょうか。

それは例えば「英文翻訳のクオリティは客観的に評価しにくいから、単語1語ずつの正誤で評価しよう」と言っているような、ピントのズレ方があると思いませんか？「客観的ではないから」という理由で、本質を見誤っていると思います。

人の評価も同様です。そもそも人を評価する時、なにを、なぜ評価するのか、評価軸は主観的に決定されます。必ずしも客観的に測り切れなくても、その評価軸を重視しようとする限り、公正性や納得感は安易に損なわれません。

また、成果目標や能力目標が客観的で、皆が納得感を持っているというのも、幻想かもしれません。例えば居住地域によって顧客の平均所得が全く異なるのに、全国同一の売上目標を設定され、それを基準に達成度を評価されたら不満を持つはずです。では平均所得によって目標に傾斜をつけてみる？　すると今度は「平均所得だけでなく子どもの有無で消費額は全く異なるはずだから、郊外の子育て層が多いエリアは損。

これじゃアンフェアだ」と思う人だっているはずです。どんな評価軸を用いるにあたっても、重要なのは「一体、どのような評価軸が、自分たちにとって公平で納得感があるのか」について対話を続けることなのです。ケアリング・ワークプレイスを作るための評価項目についても、対話を基にして整えていく必要があります。

　評価のデータの取り方も重要です。評価には様々な方法がありますが、こと**ケアリング・ワークプレイスを作るために必要なのが「３６０度評価」です。**マネジメントを受ける側の人や、同僚からの評価が極めて重要だということです。無理矢理に成果を出したり、外部から見て高い評価をえるためにごまかしたり、人の成果を自分ののかのようにしてしまう人はたくさんいます。普段関わっていない人がそう簡単に、見抜けるものではありません。普段一緒にいる人がどう評価するか、一緒に働いている人が「一緒に働いていたい」と思えるような人でなければ、影響力を持つべきではないと考えることができます。

　しかし、「３６０度評価」はされる側としては嫌なもの、と思われることも多いでしょう。そもそも「評価する側―される側」という関係自体がわかりやすい権力構造ですから、自分が評価される側に回るなんて、と思う人もたくさんいるはずです。自分は誰にも忖度したくない、忖度してくれる人が多いことこそが優れた人の証明だ、と考える人にとってこそ、「３６０度評価」は受け入れ難いのです。

職場を構成する人は、職務上、マネージャーと部下という違いがあっても、人間としての価値は対等です。相手がどんなことに関心を持ち、頑張りたいと考えているか、なにに困っているのかを知ろうとしたりして、できる範囲で支援しようとする人なら、「３６０度評価」は、適切な評価方法だと理解できるはずです。

「はじめに」でも触れたように、近年、組織論の分野において、加害的なパーソナリティの要素である「ダークトライアド」に注目が集まっています。

パーソナリティの評価方法として従来主流だったのは「ＢＩＧ５」と呼ばれる手法でしたが、「ダークトライアド」について十分に評価できないとわかってきたのです。

「ダークトライアド」には、目的のためならば手段を選ばない「マキャベリアン」、良心を持たず人の気持ちがわからない「サイコパシー」、他者を自分を盛り立てる道具のようにみなす「ナルシシズム」が含まれます。

このようなパーソナリティの特徴を聞いて「あ、あの人がそうかもしれない」と思い浮かぶことがあると思います。これらのパーソナリティを持つか、持たないか、ではなく、強く持つか、弱く持つか、というような性質ですから、誰にでも、多少なりともある要素なのです。

「ダークトライアド」が強い人が職場で上位に立つと、まさに典型的なケアが欠如した職場が生まれてしまいます。例えばマキャベリアンは、目標を立て、達成できる時には良いのですが、達成できない時には厳しく問い詰め、支配的にふるまう恐ろしいボスになることがよくあります。一方で、表面的に穏当なリーダーシップを発揮することもできます。「目的のためなら手段を選ばない」ため、より効率的で効果が高い手法を選ぶのです。マキャベリアンタイプの人はマネジメントやリーダーシップの手法を学ぶことを通して、ケアリング・マネージャーになることも十分ありえます。

サイコパシータイプは、「人がどんなことを感じるか、どんなことで傷つくのか」を想像する力が欠けているか、想像してもそれに関心を持てない、容赦のなさを持つ人です。言葉自体は暴力的でない場合も、深い無関心がゆえに意図せず相手を傷つける言動をしたり、仕事のプロセスや人間関係を気遣えないため、「ケアが欠如した職場」になりやすいと考えられます。

ナルシシズムタイプは、他者を自分を盛り立てる道具として取り扱うので、手柄を奪ったり、自分のミスや失敗を他者のせいにして自分を守ったりすることがあります。職場で関わる人からすると、良い部分は持っていかれ、悪い部分は引き受けさせられるので、非常に大きなダメージを受けます。

これらの特徴は、一見、「仕事ができる」人に見える点に注意が必要です。マキャベリアンは支配的なマネジメントを通して短期的には成果を上げます。ナルシシズムは周囲に自分を評価させることがうまいので、昇進しやすくなります。実際、ナルシシズムのパーソナリティが強い人は、平均給与が高いという研究結果もあります。

しかしマキャベリアンの場合も、支配的なマネジメントが効果を持つのはあくまで短期的で、中期的には成果が下がると言われています。飴と鞭の効果は一時的なのです。ですから、**単純に成果目標の達成度で評価するのではなく、パーソナリティを含めて役割行動目標の達成度を慎重に評価をすることが重要になってきます。**

「評価」の難しさとは、加害性の高い人に特徴的なパーソナリティをいかに見抜き、昇進させないか、ということにかかっているのです。残念なことに、人間を上下で測るような根源信念を持つ人のほうが、「上に上がりたい」という欲望が強い分、権力を志向する傾向にあります。ゆえにマネージャーなどの役職につき、大きな影響力を持ってケアの欠如した職場を作りやすいということは、いくら強調しても足りません。

評価制度や人事制度に、自分が有利になるような仕組みを取り入れるなどの影響を及ぼすこともあります。もっと言うと、そもそも会社の代表や経営者になるような人に、こういった人が少なくないのです。経営者の中には、「人の下で働きたくない、人の言うことを聞きたくない」という理由で起業する人もいます。そういうパーソナリティの人にとって、そもそも「ケアリング・ワークプレイス」を作るインセンティブは高くないのです。**ケアが欠如した職場で偉くなった人たちが、ケアの欠如した職場を作ることを通して、その地位を築いてきたとすれば、その方法や態度を低く評価する評価制度や文化を作ることは、とても難しいことだとわかるでしょう。**

だからこそ、経営陣が明確なポリシーを発信することは重要です。人事が働くにせよ、チームに自発的なプロジェクトが生まれるにせよ、適切なタイミングでマネージャーや経営陣が協同して、トップダウンの発信をするのです。会社としての大きな方向転換のメッセージや本気度、施策の意図を伝えることで、変容を支援できます。

ただ、ケアリング・ワークプレイスのメリットというのは見えづらかったり、短期的には「ケアが欠如した職場」のほうが成果が出やすいという事実をどのように覆すのか、その説得の準備はしておく必要があります。

プロセス⑥ 評価を処遇や報酬に生かす

評価を、実際の制度において活用することも重要です。評価軸に「ケアリング・ワークプレイスを作るコミュニケーションを取っているか」を加え、「３６０度評価」などを用いたら、評価対象者にフィードバックしたり、制度や文化を変えたり、配置を検討したり、相談窓口を作ったり、様々に取り組む必要があるのです。

人間が最も傷つくのは「期待してから、失望させられる」時です。声を聞く時には必ず、その声がなんらかの仕組みへ反映されたり、応答されたりすることを前提とする必要があります。応答がなければ、ここでは自分が尊重されない、必要とされていないと感じても無理はありません。

報酬

評価に随伴する形で、適切に報酬が支払われることも重要です。報酬は、ここでは主に金銭的なものとして考えます。それは働く前提にある根本的なニーズ、すなわち「お金を稼ぎたい」という社員のケアになるからです。報酬設計にも様々な考え方があります。基本給を重視するのか、成果給を設定するのか、はたまた家賃補助などの福利厚生を重視するのかなどです。

報酬制度もまた、会社のニーズと社員のニーズが統合される形で作られることが重要です。高い報酬が支払われる項目は、それだけ会社のニーズが強いということを意味しています。どんなに口では「ケアの文化を大事にしたい」と言っていても、実際の報酬制度にそれが反映されていなければ、社員は「ああ、建前にすぎないんだな」ということがわかります。制度とは、常に、組織の信念や判断の表出であることを忘れてはいけません。

また、社員のニーズも重要です。成果給を好む人もいれば、安定して支給される基本給を喜ぶ人もいるでしょう。担当する業務や部署によっては、成果給がなじまないものも多いでしょうし、逆も然りです。どんな能力を求め、どんな役割行動を大切にしてほしいかということと、報酬の重みづけは関係します。**報酬は、色濃く会社の文化や価値観が表れるものです。手を入れるのが困難なところかもしれませんが、結局、目標設定を変えても、評価制度を変えても、報酬が変わらなければ組織の価値観は変わっていないと言えるほど重要です。**ただし、コロコロと変えることが社員の不安や不信にも繋がるので、注意が必要であることも間違いありません。

育成

育成という言葉には、上下関係を意識したニュアンスがあるということに言及する必要があります。「育てる」「成長させる」というニュアンスには、特定の方向を育てる側が決めている側面があるからです。

しかし、**ケアリング・ワークプレイスで重要なのは、個人がどんな人間になってどんな人生を生きていきたいのかという、個人の人生に着目することです。**今、日本で「キャリア」と言う時、ほとんどの人がイメージするのは「ワークキャリア（職務経歴）」です。過去から将来にわたる計画的な能力開発の連鎖でもあります。

一方で「ライフキャリア」は「仕事だけでなく、家庭や趣味など日々の生活や、地域との関わり、ボランティアなど、生涯にわたる役割や経験の積み重ね」を指す言葉であり、はるかに概念が広いことがわかります。D・E・スーパーが提唱するライフキャリア・レインボーを見てみましょう。

このような視点を一度持ってみると、**通常、組織で想定されるキャリア支援、育成**

といった言葉が、いかに人間のごく一部しか取り扱っていないか、個人の重要なニーズを軽んじているかがわかります。

個人のニーズに適切に対応するには、社内の学習資源の開発や学習環境の構築、社外での学びの支援をします。単に学習資源を準備するだけでなく、同時に、学習資源のアクセス環境も改善します。よく、制度があっても形骸化し、誰も使っていないということがあります。使われていないのは制度がニーズに合っていないせいか、結局忙しすぎて活用できる状況ではないのかもしれません。

また、マネージャーとして働く人に、

ライフ・キャリアの虹[24]

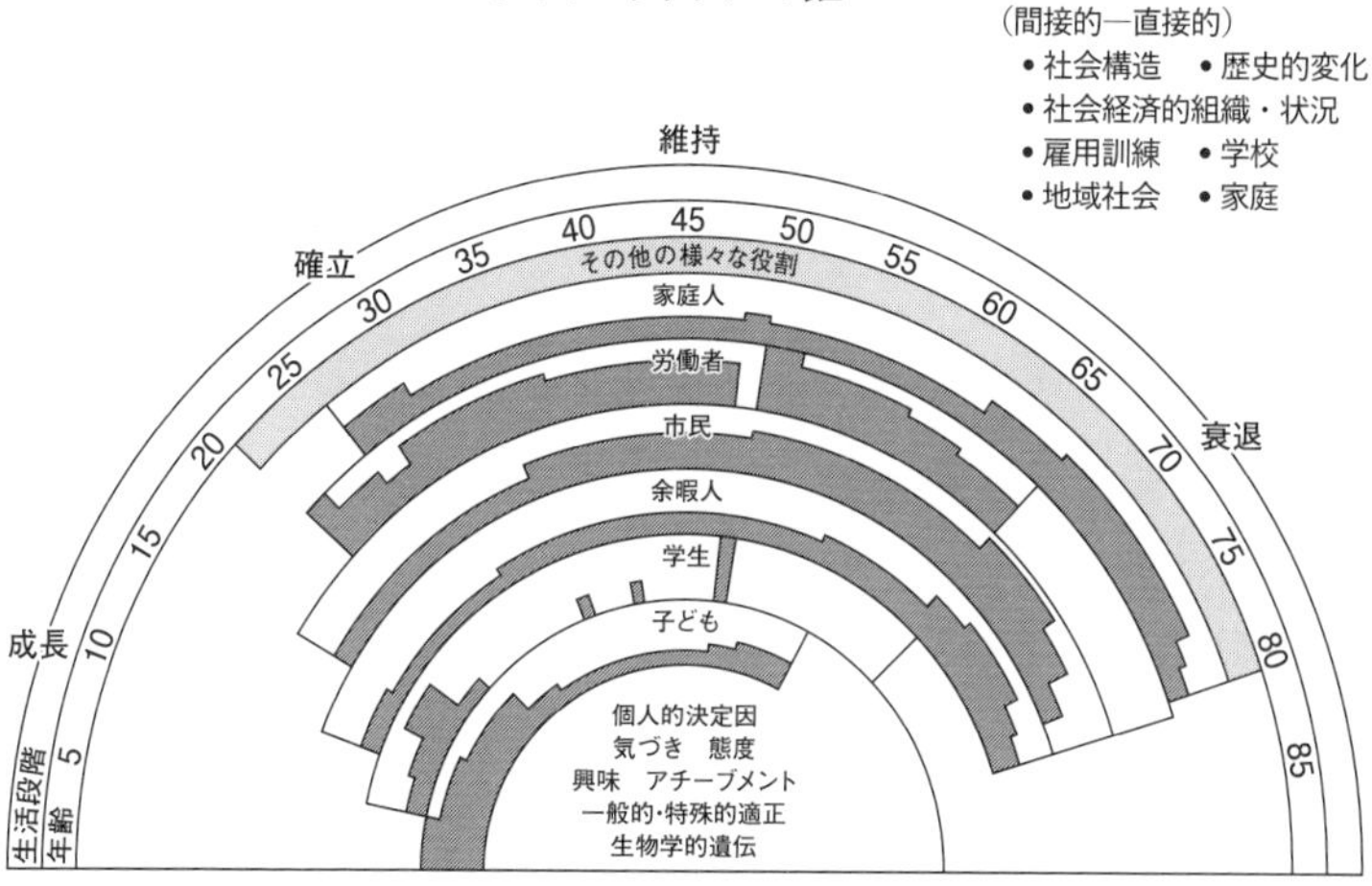

ある男のライフ・キャリア　「22歳で大学を卒業し、すぐに就職。26歳で結婚して、27歳で1児の父となる。47歳の時に1年間社外研修。57歳で両親を失い、67歳で退職。78歳の時妻を失い81歳で生涯を終えた。」D.E.スーパーはこのようなライフ・キャリアを概念図化した。

適切なマネジメント研修や支援を提供することも重要です。プレイヤーとして優秀な人が、マネージャーとして優秀であるとは限りません。プレイヤーでいる頃にはチームプレーを意識しなくて済んだ人も、マネージャーに就いた途端、チームとしての成果目標が与えられます。すると、ひとりひとりの個性やニーズを尊重できずに自分と同じやり方を強制したり、業務やタスクのみに集中してメンバーのやる気が損なわれたり、チームへの愛着を失ってパフォーマンスが落ちることもあります。

これは、マネージャーとして新しい職務・責任に応えるために必要な学習のニーズを、マネージャーの上司がケアできていない状況でもあるのです。初めてマネージャーになる人には、メンターがついて支援したり、社内外の学習資源にアクセスできるように気遣う必要があります。慣れない仕事に加えて、これまでとは異なる種類のコミュニケーションとマネジメントを学ぶわけですから、パニックになりやすいのです。ハラスメントに繋がる「破壊的リーダーシップ」には、「専制型」「放任型」の他に「脱線型」と呼ばれる類型があります。この脱線型というのが、新しい役割の中でうまくそれを遂行することができず、結果的にハラスメントに繋がってしまうような事例です[23]。

また、育成にはもう1つ重要な側面があります。それは「会社として、メンバーになにを求めるか」というニーズです。会社が求めるニーズに、社員が応えたいと思える時ばかりではないでしょう。例えば、単に利益を生み出したいということだけが会社の目的であれば、社員の育成とは究極のところ、できるだけ多くの売上を出し、できるだけ支出を減らすことに収斂され、数字で管理する部分だけが強調されてしまうでしょう。それが肌に合うという人ももちろんいますが、そういう人ばかりではありません。お金のためだけに働きたいという人は、激減しているのです。

「会社はなんのためにあるのか。どんなビジョンやミッションを目指して活動しているのか、だからこういう事業をやっていて、そのためにこういう業務があって、そのためにあなたにはこれができるようになってほしい、これを担当してほしい」という論理が必要な時代になっているのです。

また**「誰でもいいから」ではなく、「あなたには適性があるから、あなたの得意なこと、チャレンジしてみたいことを生かせるから」やってみてほしい、という依頼の**

仕方が重要になります。すなわち、個人としてのニーズやライフキャリアまで含んだ、その人の人生に配慮をした依頼が必要になるのです。依頼をする際にはできるだけ、相手にとって意味があるような立て付けにすること自体が、マネージャーの重要な業務の1つだと言って良いでしょう。

仕事は、究極的にはそれぞれのニーズを相互に満たし合おうとすることであり、それができなければ関係は終了してしまう。そんなふうに考えてみると育成という概念も、大きな視座で捉えられます。

配置

「配置」も重要です。**加害傾向のパーソナリティを持つ人をどこに動かすのかは、悩ましい問題です。**配置は、具体的な業務の変更を伴うことが多いので、業務内容や、すでに所属するメンバーとの相性も重要です。

例えばできるだけ感情を交えずに、理屈やデータで話したい人にとっては、そうではない人へのケアを要求される職場はなかなか「怖い」ものです。うまくできなければ相手を傷つけ、自分の無能感が惹起されるからです。逆の立場からすれば、感情を交えて話したいのに、それが「無駄」で「非合理的」だと言われたら、言いたいことがうまく言えず、傷つきます。なにかが正しいとか間違いということではなく、職務内容や今いるメンバーに合わせて配置を考え、様子を見て配置転換を検討する必要があります。

配置は「育成」とも関連します。個人のニーズに、具体的な職務内容があるのであれば、それをケアできることが期待されます。ニーズをケアする人事制度は一貫して運用されると組織への愛着や信頼を生みます。もちろん、いつでも全てのニーズが満たされるわけでは決してないのですが、なぜそれが難しかったのか、どんな条件を満たせばそれを叶えられるのかといったことまで丁寧にコミュニケーションできるとずいぶん違うでしょう。

またハラスメントにも個人間の相性の問題があるため、配置転換でハラスメントを防ぐことも可能です。チームが変わったり、構成が変わることでバランスが変わりハラスメントが止むこともあるのです。ただし、採用と同様ですが、同質性が高まりすぎれば働ける人は減ります。異なるコミュニケーションスタイルを取る人を複数人置くようにして、1つのコミュニケーションスタイルだけが強くなりすぎないようにバランスを取るといったことも可能でしょう。

採用

ケアリング・ワークプレイスを作る採用とはどのようなものでしょうか。職場の現状を理解すると、はっきりします。例えば会社は「丁寧な指導でプロパーを育成すること」を目指しているのか、はたまた「即戦力のキャリア人材がほしいのか」。これは、会社のニーズは何かを考えることでもあります。

絶対に避けるべきことは「嘘をつくこと」。

嘘をついて採用することは、他者のニーズを尊重してケアしようとする態度とは真逆のものです。自分たちがどんな人材と働きたいかというニーズを分析し、続いてどんなニーズを持っている人たちになにを提供できるのかということを考え、それがマッチする人に入社してもらうことが重要です。経営陣と現場のニーズは一致しているのか、していなければどうするべきなのか、といったことまで考える必要があります。

組織が大きくなれば、採用と評価や育成などの担当者が変わり、ますますその一致が難しくなります。「今後の経営のために必要な人材を集めてこよう。組織拡大のために未経験の人にも入ってもらい、自社で育成していこう」として人事は採用を進めたものの、現場の社員は「組織拡大の中で業務が増えて大変。加えて新人教育までやれなんて言われても無理……」と考えていた、なんてことはよくあります。

だからといって人事担当者が「だます形になっても仕方ないよね、それが自分の仕事だから」と言ってしまえるのであれば、その人も「怖い職場」を作っている一人だと認めることが必要です。自分にできる範囲でできるケアを、ひとつひとつやっていく必要があるでしょう。

「配置」や「育成」「評価」などに、一貫した方針を設計していくことや、経営と現場の間に立ってそのニーズを調整するような業務、自分がその役職にない場合には、その役職にある人間に対してその状況を適切に伝えることが具体的な内容になるはずです。もちろん、自分の仕事を全うするためにやらざるをえないこともたくさんあると思います。それでもなお、ケアリング・ワークプレイスを作るためにできることを見つけることが重要です。

逆に、自分たちが作ろうとする文化に合わない人を採用「しない」ことも重要です。例えば、ケアリング・ワークプレイスには人を尊重しない人や、ニーズを軽んじる人は入れないようにする必要があります。とはいえ、文化に合わない人を入れないということは、同質性を高めるから、結局「怖い職場」になるのでは？　と思う人もいるかもしれません。しかし、その心配はありません。

なぜなら、共有したい文化は「それぞれが異なることを前提として、一緒に働いていこうとすること」だからです。全てが共有されている必要はなく、むしろ違いを大事にできるかどうか、です。

「多様性を尊重するということは、多様性を尊重しない人も含めて尊重することではないか」という主張を聞くこともよくあります。ここでいうならば「本当に多様な人が働きやすい会社を作りたいなら、周りを働きづらくするような人も働ける職場にするべきではないか」ということになります。その答えはＹＥＳです。しかし、「わざわざ」採用する必要はないでしょう。意図して採用しようとしなくても、どんな人でも間違ってしまうことや人を傷つけてしまうことはあるのですから「怖い職場」を作りそうな人をわざわざ採用する必要はありません。本末転倒です。

代謝

ケアリング・ワークプレイスを作る人事機能の最後が「代謝」です。社員が会社を辞める、という場面で、ケアは可能でしょうか。そんな段階でケアリング・ワークプレイスを作るためにできることはないでしょうか。

ます、辞めてもらう場合に、どう進めていくのか。様々な理由で「辞めてもらいたい」と思う社員が出てくることは、どんな職場でもおきうることです。横領や法的に認定されるハラスメントをする人、ケアが欠如したコミュニケーションをして周りを萎縮させ、何人も退職に追い込んでしまうような人の場合です。このような場合、すぐに退職勧告をすれば良いというわけではありません。日本では社員を退職させることのハードルがかなり高いのです。あくまで退職は自主的でなければなりません。

ですから大切なのは、とにかくギリギリまでは「あなたと一緒に働きたい。だから新しいスキルを身に付けて、働き続けてほしい」という意思と姿勢、具体的なアクションを取り続けることです。複数回の勧告を経て最終的に退職を願うことと、いきなり退職を要求することはかなり違います。即座に敵対的な関係になるのではなく、「あなたがやったことはこうで、それはこのような意味で良くない。これを続けてもらっては困るが、いきなり言われても困惑するだろう。こういうことを実際に学んでやってみてほしい。複数回おきるようであれば、一緒に働けなくなってしまうから、ぜひ学んでもらいたい」という姿勢が重要です。

また、辞めてほしくない人が辞めてしまうという場面もあります。「怖い職場」では、「この人が辞めるともっと職場の空気が悪くなる」と思われる人が辞めると、連鎖して人が抜けていくこともあります。加害者が経営陣やマネージャーであった場合、同時に大勢が辞めるケースや、加害者の業務上の右腕的な人が耐えかねて辞めるというケースもよくあります。そんな職場で経営者が学ばないと、同じような危機を何度も経験します。この場合、経営者は「被害者感情」を持つこともよくあります。「こんなによくしてあげたのに、なぜ……？」と。ますます人を信じられなくなり、加害が悪化していくケースもあります。

辞めてほしくない人に限って辞めてしまう時にできるのは、退職の経緯と理由をできるだけ丁寧に聞き出して、退職者の不利にならないような形で、組織の変革に用いることです。個人攻撃にならないよう配慮しつつ、退職を個人の問題ではなく組織の制度や文化の問題として取り扱い、今後もこれが続くようだと何人も辞めてしまうという状況であることを経営陣にはっきりとフィードバックします。

結局のところ、個人の変容と同様、組織の変容も「困った時」にしかありえません。人も組織も、困らなければ変化しないものなのです。人が大勢辞めるその時になって、ようやく事態に気付くのです（その時でさえ、問題を認めないマネージャーや経営陣もいます）。中途や新卒でいくらでも補充採用できれば、さほど困らず、問題を直視できないでしょう。ポイントは、**人事が経営陣に攻撃的なコミュニケーションを取らないことです。人事が経営陣の「敵」になってしまうと、どんな職場の言葉も、聞かれなくなってしまいます。**こればかりは、論理や理屈でどうにかなることではないと私は思います。ついつい問題を見つけると指摘したり、変えたりしたくなるのですが、その際には自分がどういうニーズを持っているのか、相手はどんなニーズを持っているのか、それらをすり合わせるために適切な言葉選びをしているだろうか、ということを自分自身に問う必要があるのです。

プロセス⑦ 間違っていたら学び直す組織文化をつくる

最後に、組織開発の要もまた「間違ったら学び直すこと」です。自分たちの仮説で作った制度が、想定と異なって望まない方向に進んでしまった時に、それを認めて学び直すということです。

もちろん、制度を頻繁に変えることは組織の疲弊に繋がりますから、頻繁な変化を推奨するわけではありません。しかし、自分たちがなにを目指して組織を変えようとしたのか、その取り組みはうまくいっているのか、うまくいっていないとしたらなぜなのか、それを理解して、また考え直すことが重要です。

ケアリングという観点に立てば、間違うことはむしろ必然です。大事なのは、何度もやり直しながら、ニーズを理解し、ケアの方法を調整していくことです。

実際、どんな制度でも、いつまでも機能し続けるということはありえません。なぜなら、先の制度を考えたメンバーのニーズは反映されていても、新しいメンバーにはまた別のニーズがあるはずだからです。また元々のメンバーも、時間が経過したり、経験が増えたり、ライフステージが変わったりすることで、ニーズが変わります。さらには、外部環境だって変化します。私たちも、私たちを取り巻く環境も変わり続けるのですから、1つの方法が普遍的に機能し続けるということは、ありえないのです。だからこそ、単に失敗や間違いと切り捨て、恥や無能感を与えるのではなく、学び続けることが必要です。

継続的なアンケート調査や定期的な意見聴取の仕組みが必要です。ニーズに対して真摯に向き合おうとする組織だからこそ、ニーズを口に出すことができるのです。せっかく作った制度や仕組みが、しばらく時間が経ってくると反発や不満が出てくることもあるでしょう。ボトムアップ的に社員が問題を提起して、経営陣やマネージャー層に改善を依頼してくることもあるでしょう。それが時に、攻撃的に感じてしまうこともあるはずです。ニーズのケアを依頼される時、人は往々にして攻撃されていると感じてしまうのです。逆にケアを依頼する時も、丁寧に言葉を選んで行わないと、攻撃になってしまいます。

　それでもなお、マネジメントに関わる方々には、その声の中にニーズを見出し、ニーズに向き合おうとしてほしいと思います。組織の中では役職に基づく権力が確かに存在します。その権力を、それぞれが適切な形でケアのために行使してほしいのです。ケアリング・ワークプレイスは、そうやって作られていきます。

EPILOGUE

おわりに

ケアリングソサイエティへ

「ケア」「ケアリング」は、今非常に広い範囲で取り上げられる言葉です。元々は看護や介護、教育などの対人援助の領域で主に用いられてきましたが、現在では「ケアの法学」、そして「ケアの政治学」などなど、多様な領域で、それぞれの問題系や理論が問い直されています。

本書は、職場（ワーキングプレイス）におけるコミュニケーションや組織の文化・制度と、ケア・ケアリングの概念を重ねることで、「職場のケア論」をまとめた一冊ということになります。といっても学術書ではなく、具体的に使うことのできる、実践的で、扱いやすい形での記述を心がけました。

人を気遣うということ。

それは、ビジネスや職場においてもとても重要なことだと私は確信しています。もちろん、ビジネスや職場だけではありません。家庭、パートナーシップ、子育て、学校教育、部活動、政治、経済、哲学、思想、どのような領域においても大切な考え方です。そして、それらは相互に絡み合っているため、１つの領域だけが変われば良いということではありません。

本書は職場を主題においていますが、同時に、それが社会を作る要因にもなり、また社会によって作られているものでもあると考えています。職場でのケアを試みようとすれば、個人の心理に着目する必要がありますし、チームや組織の人事制度や文化、そしてその背景にある社会環境にまで着目する必要があります。さらに個人の心理には、養育環境、教育環境など、過去の環境の影響も確実に存在するのです。

古くは奴隷労働がありました。児童労働が当然のように認められ、労災などの制度がなかった時代もあったのです。人権やそれを支える思想・哲学や、それを実現するための法律、その正当性を担保する民主主義などの社会構造が、働く環境に影響を及ぼしていることは間違いありません。

現代の資本主義的、利益至上主義の立場に立てば、働く人の中長期的な幸福よりも、目先の業績が重視されるのは自然なことです。それは職場の論理より、もっと大きなシステムの中で要請されていることだからです。この構造を変えなければ、職場は変わりません。一方で、職場が変われば、社会が変わるはずです。相互に関わり合って生まれる事象だからこそ、小さな変化も、必ず全体に波及するものです。

職場は、働く人の時間を多く費やす居場所です。職場がケアに満ちた場所であれば、働く人の貴重な人生の時間は、とても豊かになります。逆にそこがケアの欠如した場所で、ケアを搾取するような場所であれば、働く人は傷つき、そこから離脱したり、メンタルヘルスを害され、家庭や人間関係にネガティブな影響を及ぼします。

職場での傷つきが原因で、ＳＮＳで人を攻撃したり、家庭でパートナーや子どもに八つ当たりをするような人も多くいます。職場で「効率」や「生産性」といった価値観で人を評価することに慣れると、社会や家庭で、そんな価値観で生きる必要がない人を見ると「ずるい」「間違っている」と感じ、攻撃してしまうのです。余裕がない社会では、弱い人、守られていない人に、その皺寄せがいくのです。

企業やビジネスの現場はケアやケアリングとはなじまないと考える人もたくさんいます。でも、それは間違っています。どんなビジネスであってもその対象は、「ケア」がなければ生きていけない「人間」と「人間の暮らし」であり、そのサービスを提供するのもまた「人間」だからです。なじまないと考えるなら、むしろ現状を変える必要があると私は思います。

とりわけ現代の日本のように人口減少が加速する社会では、それが明らかでしょう。人は、安心して生きられる場所でなければ増えません。人口が減れば、今あるビジネスの多くも衰退を余儀なくされるでしょう。労働者も消費者も、真空から生まれてくるのではありません。この社会を生きるに値する場所だと思った人たちが、生きてほしいと思える場所に子どもを持つのです。搾取や傷つくことが多い、「怖い社会」に子どもを持ちたいという人は多くありません。

実は私は、パートナーとの長い対話の末、子どもを持たないと決めています。現状の社会が、加害的だと感じているからです。しかし、社会に絶望しているのではありません。子どもを持たないから社会の未来はどうでも良い、ということにはなりません。すでに生まれてきている命が少しでもケアに溢れた社会で生きてほしいと心から願っています。そしてこの加害的な社会を生み出すシステムを無批判に受け入れ再生産することを選びません。ケアし合える関係を、家庭や職場、学校や政治、思想において、微力ながら作り出していくことに取り組みたいと思っています。

本書は、まさにそのような目的のために書きました。この本を手に取った人が、職場を少しでもケアリング・ワークプレイスにすることができれば、きっとその人に関わる多くの人たちに波及的な効果をもたらすはずです。あなたの職場をそんなケアリング・ワークプレイスにするために、この本が少しでも役に立つことを願っています。

ハラスメント基本情報

ハラスメントの定義

パワーハラスメントの定義

職場のパワーハラスメントとは

職場のパワーハラスメントとは、職場において行われる❶優越的な関係を背景とした言動であって、❷業務上必要かつ相当な範囲を超えたものにより、❸労働者の就業環境が害されるものであり、❶から❸までの3つの要素を全て満たすものをいいます。

なお、客観的にみて、業務上必要かつ相当な範囲で行われる適正な業務指示や指導については、職場におけるパワーハラスメントには該当しません。

「職場」とは

事業主が雇用する労働者が業務を遂行する場所を指し、労働者が通常就業している場所以外の場所であっても、労働者が業務を遂行する場所であれば「職場」に含まれます。

勤務時間外の「懇親の場」、社員寮や通勤中などであっても、実質上職務の延長と考えられるものは「職場」に該当しますが、その判断に当たっては、職務との関連性、参加者、参加や対応が強制的か任意かといったことを考慮して個別に行う必要があります。

「職場」の例：出張先、業務で使用する車中、取引先との打ち合わせの場所（接待の席も含む）等

「労働者」とは

正規雇用労働者のみならず、パートタイム労働者、契約社員などいわゆる非正規雇用労働者を含む、事業主が雇用する全ての労働者をいいます。

また、派遣労働者については、派遣元事業主のみならず、労働者派遣の役務の提供を受ける者（派遣先事業主）も、自ら雇用する労働者と同様に、措置を講ずる必要があります。

❶「優越的な関係を背景とした」言動とは

業務を遂行するに当たって、当該言動を受ける労働者が行為者とされる者（以下「行為者」という。）に対して抵抗や拒絶することができない蓋然性が高い関係を背景として行われるものを指します。

例

・職務上の地位が上位の者による言動

・同僚又は部下による言動で、当該言動を行う者が業務上必要な知識や豊富な経験

を有しており、当該者の協力を得なければ業務の円滑な遂行を行うことが困難であるもの
・同僚又は部下からの集団による行為で、これに抵抗又は拒絶することが困難であるもの

❷「業務上必要かつ相当な範囲を超えた」言動とは

社会通念に照らし、当該言動が明らかに当該事業主の業務上必要性がない、又はその態様が相当でないものを指します。

例
・業務上明らかに必要性のない言動
・業務の目的を大きく逸脱した言動
・業務を遂行するための手段として不適当な言動
・当該行為の回数、行為者の数等、その態様や手段が社会通念に照らして許容される範囲を超える言動

この判断に当たっては、様々な要素（当該言動の目的、当該言動を受けた労働者の問題行動の有無や内容・程度を含む当該言動が行われた経緯や状況、業種・業態、業務の内容・性質、当該言動の態様・頻度・継続性、労働者の属性や心身の状況※、行為者の関係性等）を総合的に考慮することが適当です。

その際には、個別の事案における労働者の行動が問題となる場合は、その内容・程度とそれに対する指導の態様等の相対的な関係性が重要な要素となることについても留意が必要です。なお、労働者に問題行動があった場合であっても、人格を否定するような言動など業務上必要かつ相当な範囲を超えた言動がなされれば、当然、職場におけるパワーハラスメントに当たり得ます。

※属性…（例）経験年数や年齢、障害がある、外国人である　等
心身の状況…（例）精神的又は身体的な状況や疾患の有無　等

❸「就業環境が害される」とは

当該言動により、労働者が身体的又は精神的に苦痛を与えられ、就業環境が不快なものとなったために能力の発揮に重大な悪影響が生じる等の当該労働者が就業する上で看過できない程度の支障が生じることを指します。

この判断に当たっては、「平均的な労働者の感じ方」、すなわち、「同様の状況で当該言動を受けた場合に、社会一般の労働者が、就業する上で看過できない程度の支障が生じたと感じるような言動であるかどうか」を基準とすることが適当です。

なお、言動の頻度や継続性は考慮されますが、強い身体的又は精神的苦痛を与える態様の言動の場合には、1回でも就業環境を害する場合があり得ます。

そのほかハラスメント認定の線引きについて知りたいときに、参考になる書籍

『管理職のためのハラスメント予防&対応ブック　2020年6月施行「パワハラ防止法」に完全対応』（向井蘭　ダイヤモンド社　2020）
『パワハラ問題：アウトの基準から対策まで』（井口博　新潮社　2020）
『「職場のハラスメント」早わかり「パワハラ防止法」対応！』（布施直春　PHP研究所　2020）

セクシュアルハラスメントの定義

職場のセクシュアルハラスメントとは

「職場」において行われる「労働者」の意に反する「性的な言動」により、労働者が労働条件について不利益を受けたり、就業環境が害されることをいいます。

「職場」とは

労働者が通常働いているところはもちろんのこと、出張先や実質的に職務の延長と考えられるような宴会なども職場に該当します。

「労働者」とは

正社員だけではなく、契約社員、パートタイム労働者など、契約期間や労働時間にかかわらず、事業主が雇用するすべての労働者です。

また、派遣労働者については、派遣労働者のみならず、派遣先労働者のみならず、派遣先事業主も、自ら雇用する労働者と同様に取り扱う必要があります。

「性的な言動」とは

性的な内容の発言や性的な行動のことをいいます。

・性的な内容の発言の例

性的な事実関係を尋ねること、性的な内容の情報（うわさ）を流すこと、性的な冗談やからかい、食事やデートへの執拗な誘い、個人的な性的体験談を話すことなど

・性的な行動の例

性的な関係を強要すること、必要なく身体に触れること、わいせつ図画を配布・掲示すること、強制わいせつ行為、強姦など

セクシュアルハラスメントの行為者とは？

事業主、上司、同僚に限らず、取引先、顧客、患者、学校における生徒なども行為者になり得ます。男性も女性も、行為者にも被害者にもなり得ます。

また、異性に対するものだけでなく、同性に対する性的な言動もセクシュアルハラスメントになります。

被害者の性的指向（※1）や性自認（※2）に関わらず、性的な言動はセクシュアルハラスメントに該当します。

※1　性的指向：人の恋愛・性愛がいずれの性別を対象とするか

※2　性自認：性別に関する自己認識

セクシュアルハラスメントが起こりやすい職場で見られる言動とは？

「男らしい」「女らしい」など、固定的な性別役割分担意識（※3）に基づいた言動は、セクシュアルハラスメントの原因や背景になってしまう可能性があります。

※3　性別役割分担意識：「男性は外で働き、女性は家庭を守るべきである」といった性別に基づく役割意識のことです。

日頃から自らの言動に注意するとともに、上司・管理職の立場の方は、部下の言動にも気を配り、セクシュアルハラスメントの背景となり得る言動についても配慮することが大切です。

妊娠・出産・育児休業等ハラスメントの定義

職場の妊娠・出産・育児休業等ハラスメントとは

「職場」において行われる上司・同僚からの言動（妊娠・出産したこと、育児休業、介護休業等の利用に関する言動）により、妊娠・出産した「女性労働者」や育児休業・介護休業等を申出・取得した「男女労働者」の就業環境が害されることをいいます。

　これらは、マタニティハラスメント（マタハラ）、パタニティハラスメント（パタハラ）、ケアハラスメント（ケアハラ）と言われることもあります。

　妊娠等の状態や育児休業制度等の利用等と嫌がらせ等となる行為の間に因果関係があるものがハラスメントに該当します。

「職場」とは

　労働者が通常働いているところはもちろんのこと、出張先や実質的に職務の延長と考えられるような宴会なども職場に該当します。

「労働者」とは

　正社員だけではなく、契約社員、パートタイム労働者など、契約期間や労働時間にかかわらず、事業主が雇用するすべての労働者です。

　また、派遣労働者については、派遣労働者のみならず、派遣先事業主も、自ら雇用する労働者と同様に取り扱う必要があります。

妊娠・出産・育児休業等を理由とする不利益取扱いは禁止されています！

　妊娠・出産したこと、育児や介護のための制度を利用したこと等を理由として、事業主が行う解雇、減給、降格、不利益な配置転換、契約を更新しない（契約社員の場合）といった行為は「ハラスメント」ではなく「不利益取扱い」となります。

　例えば、妊娠したことを伝えたら契約が更新されなかった、育児休業を取得したら降格させられた、等が不利益取扱いに該当し、男女雇用機会均等法、育児・介護休業法違反となります。

妊娠・出産・育児休業等ハラスメントに該当しない例もあります

「業務上必要な言動」はハラスメントに該当しません。ただし、労働者の意を汲まない一方的な通告はハラスメントとなる可能性があります。

・制度等の利用を希望する労働者に対して、業務上の必要性により変更の依頼や相談をすることは、強要しない場合に限りハラスメントに該当しません。

・妊婦本人はこれまで通り勤務を続けたいという意欲がある場合であっても、客観的に見て妊婦の体調が悪い場合に、業務量の削減や業務内容の変更等を打診することは、業務上の必要性に基づく言動となり、ハラスメントには該当しません。

ハラスメントの類型と種類

パワーハラスメント

❶身体的な攻撃

　蹴ったり、殴ったり、体に危害を加える行為や、相手に物を投げつけるような行為によって部下や同僚を威嚇し、従わせようとする。

❷精神的な攻撃

　脅迫や名誉毀損、侮辱、ひどい暴言、人格を否定するような言動を行う。必要以上に長時間にわたる厳しい叱責を繰り返し行う。他の労働者の前で、大声で威圧的な叱責を繰り返し行う。

❸人間関係からの切り離し

　特定の労働者を仕事から外し、長時間別室に隔離する。１人の労働者に対し、同僚が集団で無視をし、職場で孤立させる。

❹過大な要求

　業務上明らかに不要なことや遂行不可能なことの強制、仕事の妨害を行う。社員に必要な教育を行わないまま、到底対応できないレベルの業績目標を課し、達成できなかったことに対し、厳しく叱責する。業務とは関係のない私用な雑用の処理を強制的に行わせる。

❺過小な要求

　業務上の合理性なく、能力や経験とかけ離れた程度の低い仕事を命じる、仕事を与えない。管理職である労働者を退職させるため、誰でも遂行可能な業務を行わせる。気に入らない労働者に対する嫌がらせのために仕事を与えない。

❻個の侵害

　労働者を職場外でも継続的に監視したり、個人の私物を写真で撮影したりする。また、上司との面談等で話した性的指向・性自認や病歴、不妊治療等の機微な個人情報について、本人の了解を得ずに、他の労働者に暴露する。

セクシュアルハラスメント

❶対価型セクシュアルハラスメント

　労働者の意に反する性的な言動に対して拒否や抵抗をしたことにより、その労働者が解雇、降格、減給される、労働契約の更新が拒否される、昇進・昇格の対象から除外される、客観的に見て不利益な配置転換をされるなどの不利益を受けること。

❷環境型セクシュアルハラスメント

　労働者の意に反する性的な言動により労働者の就業環境が不快なものとなり、労働者の能力発揮に重大な悪影響が生じるなど、その労働者が就業する上で見過ごせない程度の支障が生じること。

妊娠・出産・育児休業等ハラスメント

❶制度等の利用への嫌がらせ型

　出産・育児・介護に関連する社内制度の利用に際し、当事者が利用をあきらめるざるを得ないような言動で制度利用を阻害する。

❷状態への嫌がらせ型

　出産・育児などにより就労状況が変化したことなどに対し、嫌がらせをする。

職場のハラスメントに関連する相談機関一覧

総合労働相談コーナー（各都道府県労働局）

https://www.mhlw.go.jp/general/seido/chihou/kaiketu/soudan.html

解雇、雇止め、配置転換、賃金の引下げなどの労働条件のほか、募集・採用、ハラスメントなど、労働問題に関するあらゆる分野について、労働者、事業主どちらからの相談でも、専門の相談員が面談あるいは電話で受け付けています。また、都道府県労働局では、個別労働紛争について、都道府県労働局長による助言・指導や紛争調整委員会によるあっせんも行っています。

個別労働紛争のあっせんを行っている都道府県労働委員会・都道府県庁

https://www.mhlw.go.jp/churoi/assen/index.html

職場で労働者と使用者の間で労働条件に関係してトラブルが発生し、当事者間で解決を図ることが困難な場合、労働委員会で解決の手伝いをしています。個別労働紛争のあっせんを行っている都道府県庁労政主管課もあります。

法テラス（日本司法支援センター）

https://www.houterasu.or.jp/madoguchi_info/call_center/index.html

問い合わせの内容に合わせて、解決に役立つ法制度や地方公共団体、弁護士会、司法書士会、消費者団体などの関係機関の相談窓口を法テラス・コールセンターや全国の法テラス地方事務所にて、無料で案内しています。

みんなの人権110番 全国共通人権相談ダイヤル

https://www.moj.go.jp/JINKEN/jinken20.html

0570-003-110

差別や虐待、ハラスメントなど、様々な人権問題についての相談を受け付ける相談電話です。電話は、おかけになった場所の最寄りの法務局・地方法務局につながります。

カスタマーハラスメント・就活ハラスメント悩み相談室

https://harasu-soudan.mhlw.go.jp/

カスタマーハラスメント、就活ハラスメントに関する相談を、キャリアコンサルタントや社会保険労務士などの資格を有する相談員が対応します。無料で24時間、メールまたはＳＮＳ（ＬＩＮＥ）で受け付けています。

こころの耳（働く人のメンタルヘルス・ポータルサイト）

https://kokoro.mhlw.go.jp/

ポータルサイト「こころの耳」では働く方やご家族の方向けにメンタルヘルスに関する相談窓口や医療機関を紹介しています。

労災補償について

https://www.mhlw.go.jp/bunya/roudoukijun/rousaihoken04/090316.html

職場のハラスメントによる強いストレスを受け、うつ病等の精神障害を発症した場合は、認定条件を満たせば労災補償の対象となることがあります。

『正義とケアの現代哲学―プラグマティズムから正義論、ケア倫理へ』徳永哲也（晃洋書房, 2021）
『精神科診断に代わるアプローチ PTMF』メアリー・ボイル,ルーシー・ジョンストン著（北大路書房, 2023）
『それでも話し始めよう アサーティブネスに学ぶ対等なコミュニケーション』アン・ディクソン（クレイン, 2006）
『ダイアローグ　対話する組織』中原淳・長岡健（ダイヤモンド社, 2009）
『他者と働く―「わかりあえなさ」から始める組織論』宇田川元一（NewsPicksパブリッシング, 2019）
『対人援助の作法: 誰かの力になりたいあなたに必要なコミュニケーションスキル』竹田伸也（中央法規,　2018）
『対人援助職の燃え尽きを防ぐ　個人・組織の専門性を高めるために』植田寿之（創元社, 2010）
『対話と承認のケア:ナラティヴが生み出す世界』宮坂道夫（医学書院, 2020）
『対話の技法』納富信留（笠間書院, 2020）
『中小企業の「人事・賃金制度」はじめに読む本』堀之内克彦（すばる舎, 2016）
『トランジション ――人生の転機を活かすために』ウィリアム・ブリッジズ（パンローリング, 2014）
『なぜ人と組織は変われないのか―ハーバード流 自己変革の理論と実践』ロバート・キーガン（英治出版, 2013）
『ニューロダイバーシティの教科書　多様性尊重社会へのキーワード』村中直人（金子書房, 2020）
『ハームリダクションアプローチ ―やめさせようとしない依存症治療の実践』成瀬暢也（中外医学社, 2019）
『パワハラ上司を科学する』津野香奈美（ちくま新書, 2023）
『犯罪からの離脱と「人生のやり直し」 元犯罪者のナラティヴから学ぶ』シャッド・マルナ（明石書店, 2013）
『犯罪者の立ち直りと犯罪者処遇のパラダイムシフト』日本犯罪社会学会（現代人文社, 2011）
『ハンス・ヨナス 未来への責任やがて来たる子どもたちのための倫理学』戸谷洋志（慶應義塾出版会, 2021）
『ハンス・ヨナスを読む』戸谷洋志（堀之内出版, 2018）
『反省させると犯罪者になります』岡本茂樹（新潮社, 2013）
『人が成長するとは、どういうことか―発達志向型能力開発のためのインテグラル・アプローチ』鈴木規夫（日本能率協会マネジメントセンター, 2021）
『人を信じられない病 信頼障害としてのアディクション』小林桜児（日本評論社, 2016）
『美徳なき時代　新装版』アラスデア・マッキンタイア（みすず書房, 2021）
『メンタライゼーションを学ぼう―愛着外傷をのりこえるための臨床アプローチ』池田暁史（日本評論社, 2021）
『リフレクティブ・マネジャー 一流はつねに内省する』中原淳・金井壽宏（光文社新書, 2009）
『レジリエンス　こころの回復とはなにか』セルジュ・ティスロン（白水社, 2016）
『ワークプレイス・パーソナリティ論　人的資源管理の新視角と実証』鈴木智之（東京大学出版会, 2023）
『「わかりあえない」を越える――目の前のつながりから、共に未来をつくるコミュニケーション・NVC』マーシャル・B・ローゼンバーグ（英治出版, 2021）

『DV・虐待加害者の実体を知る』ランディ・バンクロフト（明石書店, 2008）

『DV加害者プログラム・マニュアル』NPO法人リスペクトフル・リレーションシップ・プログラム（RRP）研究会（金剛出版, 2020）

『DV加害男性への心理臨床の試み』草柳和之（新水社, 2004）

『Learn Better―頭の使い方が変わり、学びが深まる6つのステップ』アーリック・ボーザー（英治出版, 2018）

『NVC 人と人との関係にいのちを吹き込む法 新版』マーシャル・B・ローゼンバーグ（日本経済新聞出版, 2018）

『アディクションの地平線―越境し交錯するケア』松本 俊彦（金剛出版, 2022）

『いじめ加害者にどう対応するか 処罰と被害者優先のケア』斎藤環・内田良（岩波ブックレット, 2022）

『依存症の人を治療に向かわせる CRAFTの本: 家族としての“あり方”“接し方”』吉田精次（大和出版, 2021）

『依存的な理性的動物: ヒトにはなぜ徳が必要か』アラスデア・マッキンタイア（法政大学出版局, 2018）

『偉大な組織の最小抵抗経路 リーダーのための組織デザイン法則』ロバート・フリッツ（Evolving, 2019）

『看護実践の語り: 言葉にならない営みを言葉にする』西村ユミ（新曜社, 2016）

『関係修復の人類学』大津留香織（成文堂, 2020）

『共感と自己愛の心理臨床:コフート理論から現代自己心理学まで』安村直己（創元社, 2016）

『クラッシャー上司 平気で部下を追い詰める人たち』松崎一葉（PHP新書, 2017）

『ケアするのは誰か？ 新しい民主主義のかたちへ』ジョアン・C・トロント（白澤社, 2020）

『ケアの始まる場所 -哲学・倫理学・社会学・教育学からの11章』金井淑子・竹内聖一（ナカニシヤ出版, 2015）

『ケアの社会　個人を支える政治』ファビエンヌ・ブルジュール（風間書房, 2016）

『ケアの倫理　ネオリベラリズムへの反論』ファビエンヌ・ブルジュール（白水社, 2014）

『ケアの倫理と共感』マイケル・スロート（勁草書房, 2021）

『ケアリングの現在―倫理・教育・看護・福祉の境界を越えて』中野啓明ほか（晃洋書房, 2006）

『ケアリング研究へのいざない―理論と実践』吉原恵子・広岡義之（風間書房, 2011）

『ケア宣言　相互依存の政治へ』ケア・コレクティヴ（大月書店, 2021）

『この１冊ですべてわかる　人事制度の基本』西尾太（日本実業出版社, 2022）

『こんな上司が部下を追いつめる―産業医のファイルから』荒井千暁（文藝春秋, 2006）

『シェアド・リーダーシップ-チーム全員の影響力が職場を強くする』石川淳（中央経済社, 2016）

『〈叱る依存〉がとまらない』村中直人（紀伊國屋書店, 2022）

『恥（シェイム）生きづらさの根っこにあるもの』岩壁茂（アスク・ヒューマン・ケア, 2019）

『自己心理学入門―コフート理論の実践』アーネスト・S・ウルフ（金剛出版, 2016）

『社会変革のためのシステム思考実践ガイド―共に解決策を見出し、コレクティブ・インパクトを創造する』デイヴィッド・ピーター・ストロー（英治出版, 2018）

『社長は君のどこを見て評価を決めているのか？』松本順市（中経出版, 2013）

『上司はなぜ部下が辞めるまで気づかないのか？』松本順市（ナナ・コーポレート・コミュニケーション, 2008）

『人事と採用のセオリー　成長企業に共通する組織運営の原理と原則』曽和利光（ソシム, 2018）

『人事の超プロが明かす評価基準』西尾太（三笠書房, 2015）

『ストレスマネジメント入門』島悟・佐藤恵美（日本経済新聞出版社）

『成人の発達と学習』岩崎久美子（放送大学教育振興会, 2019）

本文で引用した文献・資料

1 『全国就業実態パネル調査』(リクルートワークス研究所, 2020)
2 『ワークプレイス・パーソナリティ論』鈴木智之(東京大学出版会, 2023)
3 『Teams Solve Problems Faster When They're More Cognitively Diverse』Alison Reynolds and David Lewis(Harvard Business Review, 2017)
4 『Why Is Diversity & Inclusion in the Workplace Important?』Matt Bush(Great Place To Work®)
5 『インクルージョン・マネジメント　個と多様性が活きる組織』船越多枝(白桃書房, 2021)
6 『人材覚醒経済』鶴光太郎(日本経済新聞出版社, 2016)
7 『日本解剖1　経済大国の源泉　社長・日本の会社はだれのものか／終身雇用・その神話と現実』ジョージ・フィールズ・NHK取材班・ジェームズ・C・アベグレン・牛尾治朗(日本放送出版協会, 1987)
8 『労働力調査(詳細集計)』(総務省統計局, 2023)
9 『上場企業早期・希望退職実施状況』(東京商工リサーチ, 2023)
10 『ケアへの法哲学　フェミニズム法理論との対話』池田弘乃(ナカニシヤ出版, 2022)
11 『ケアリング・リーダーシップ　優れたリーダーの「思いやり」のスキル』ヘザー・R・ヤンガー(アルク, 2021)
12 『ケアの本質　生きることの意味』ミルトン・メイヤロフ(ゆみる出版, 1987)
13 『ケアするのは誰か? 新しい民主主義のかたちへ』ジョアン・C・トロント(白澤社, 2020)
14 ILO第190号条約『仕事の世界における暴力とハラスメントの撤廃に関する条約』(労働安全衛生の法律・ガイドライン, ILO駐日事務所仮訳)
15 『「もえつき」の処方箋　本当は助けてほしいあなたへ』水澤都加佐, (アスク・ヒューマン・ケア, 2001)
16 『対人援助職の燃え尽きを防ぐ　個人・組織の専門性を高めるために』植田寿之(創元社, 2010)
17 『Civility at Work Helps Everyone Get Ahead A respectful workplace pays off in many ways, including greater productivity, engagement and creativity』Christine Porath(THE WALL STREET JOURNAL, 2016)
18 『体罰や言葉での虐待が脳の発達に与える影響』友田明美(日本心理学会機関紙「心理学ワールド」, 2018)
19 「あかるい職場応援団」「相談窓口のご案内」(厚生労働省)
20 『「変化を嫌う人」を動かす 魅力的な提案が受け入れられない4つの理由』ロレン・ノードグレン, ディヴィッド・ションタ(草思社, 2023)
21 『What is employee participation and why is it important?』(Indeed.com UK.　Indeed Editorial Team, 2022)
22 「地球が私たちの唯一の株主」(Patagonia)
23 『パワハラ上司を科学する』(津野香奈美, ちくま新書, 2023)
24 『中学校・高等学校進路指導資料第1分冊』(文部省, 平成4年)

その他の参考文献

『2020年6月施行「パワハラ防止法」に完全対応 管理職のためのハラスメント予防&対応ブック』向井蘭(ダイヤモンド社, 2020)
『CRAFT薬物・アルコール依存症からの脱出─あなたの家族を治療につなげるために』吉田精次・境泉洋(金剛出版, 2016)

HOW TO BUILD A

CARING WORKPLACE

ハラスメントがおきない職場《しょくば》のつくり方《かた》

ケアリング・ワークプレイス入門《にゅうもん》

中川《なかがわ》　瑛《えい》

The University of Edinburgh（英国エディンバラ大学）Science and Technology in Society修士課程修了。株式会社ちえもの代表。会社組織の事業価値を人文社会科学の手法で問い直し、他企業と異なるユニークな組織・事業開発に繋げるコンサルティング事業を行う。また、「ケアの哲学」を基盤としたモラハラ・DV加害当事者団体GADHAを主宰し、ミクロな「加害者」個人の変容だけではなく、その人が属する組織、社会などのマクロな「加害者を生み出す構造」の変容について、実践・発信をしている。

2023年11月1日　第1刷発行

著　者　中川《なかがわ》　瑛《えい》

発行者　佐藤　靖
発行所　大和《だいわ》書房
東京都文京区関口1-33-4
電話03-3203-4511

装画・イラスト　朝野ペコ
ブックデザイン　天池聖（drnco.）
校正　酒井正樹

本文印刷　厚徳社
カバー印刷　歩プロセス
製本　小泉製本

ISBN978-4-479-79794-4

https://www.daiwashobo.co.jp